서울, 테마 산책길 Ⅳ

서울특별시

서울,
테마가 숨 쉬는 길을 걸으며

서울시는 지난 민선 6기 <서울시정 4개년 계획>을 바탕으로 사람이 중심인 서울, 시민이 행복한 서울을 만들기 위해 노력하였습니다. 그 중 시정목표 중 하나인 '숨 쉬는 도시' 서울을 만들기 위한 정책과제로 '서울, 테마산책길' 사업을 추진하였으며, 2018년을 마지막으로 대단원의 막을 내립니다.

서울 속 자연의 아름다움을 느끼며 걸을 수 있는 공간과 이야기가 있는 테마산책길 150개소 선정을 목표로 2015년 시작된 '서울, 테마산책길'이 지난 4년 동안 시민 여러분 마음에 여유로움을 가져다주었기를 빕니다.

2018년도에 선정된 테마산책길(Ⅳ)은 숲이 좋은 길, 전망이 좋은 길, 역사와 문화가 만나는 길, 한강/하천이 좋은 길을 주제로 선정하여 서울 속 걷기 좋은 길 30곳을 소개하고 있습니다.

겸재·윤동주 등 골목길 곳곳 600년 옛 예술가들의 흔적을 느낄 수 있는 '진경산수화길', 가을이 되면 갈대로 은빛 물결 장관을 볼 수 있는 '난지 갈대바람길', 물이 맑고 숲이 많아 사람의 마음이 맑아지는 '삼청공원 순환산책길' 등 새로운 테마산책길이 시민 여러분에게 휴식과 마음의 안정을 선사할 것입니다.

'서울, 테마산책길' 발굴은 완료되지만 민선 7기 서울시의 새로운 정책을 바탕으로 시민들의 바람, 사회 환경 등 변화에 따라 유연하게 더 발전된 형태로 찾아올 것을 약속드리며, 앞으로도 자연과 함께 이야기가 있는 도시, 서울을 만들기 위해 더욱더 노력하겠습니다.

감사합니다.

2019년 1월

서울특별시장

서울, 테마 산책길 IV

역사문화길

- ⑰ 문화비축기지 산책로
- ⑱ 생각숲길
- ⑲ 진경산수화길

전망이 좋은 길

- ⑳ 팔각정길
- ㉑ 호암산 능선길

숲이 좋은 길

- ❶ 포이 산책길
- ❷ 일자산 치유의 숲길
- ❸ 오패산 자락길
- ❹ 관악산 무장애숲길
- ❺ 불암산 자락길
- ❻ 둘리쌍문근린공원 산책로
- ❼ 배봉두메십리길
- ❽ 국사봉길
- ❾ 생태공원 둘레길
- ❿ 인재개발원 잣나무숲길
- ⓫ 서울숲 공원길
- ⓬ 매봉산 치유숲길
- ⓭ 서울둘레길 7코스_서오릉고개 녹지연결로
- ⓮ 청와대 앞길
- ⓯ 삼청공원 순환산책길
- ⓰ 서울대공원 치유의 숲길

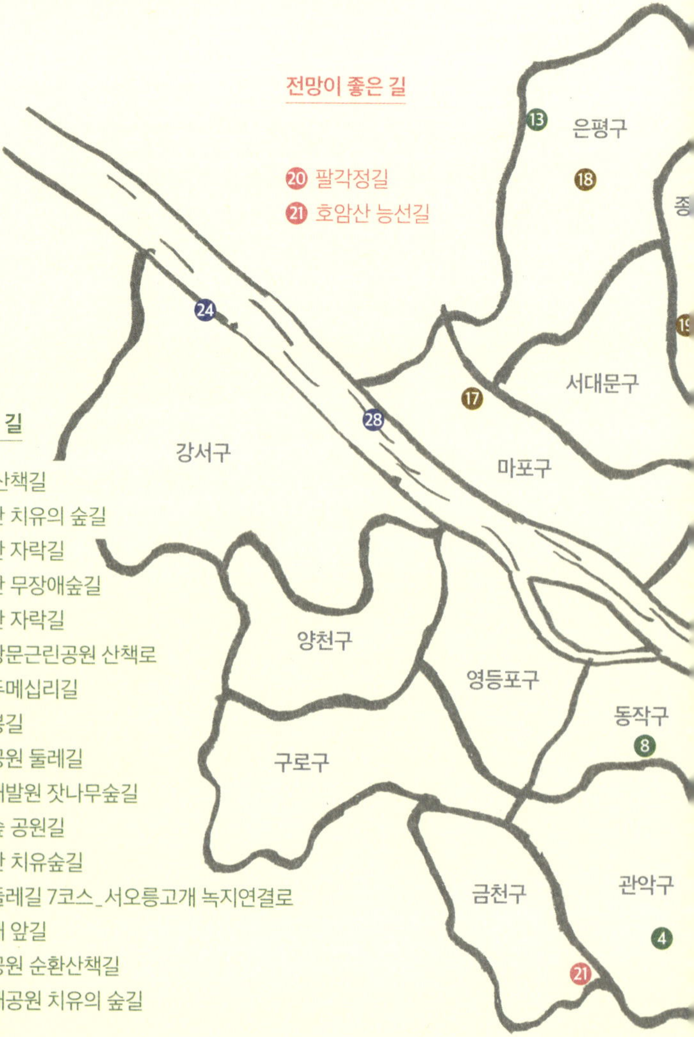

한강·하천이 좋은길
22 강남구 양재천
23 고덕 자갈길
24 강서 물새길
25 뚝섬 숲속길
26 당현천
27 홍릉 두물길
28 난지 갈대바람길
29 반포 수변길
30 서초구 양재천
도봉구
노원구
강북구
성북구
중랑구
동대문구
중구
성동구
광진구
강동구
송파구
강남구
서초구

서울, 테마산책길

숲이 좋은 길,

역사문화 길,

전망이 좋은 길,

한강, 하천이 좋은 길,

이 책은 서울에 위치한 걷기 좋은 길을 4개의 테마로 나누어 총 30곳을 소개합니다. 첫째, 길의 출발점과 종착점까지의 거리 및 소요시간, 주요 경유지를 명시하였습니다. 둘째, 길의 경치와 개성이 가장 돋보이는 계절, 걷는 수고의 정도를 초·중·고 등급으로 나누어 추천하였습니다. 셋째, 길을 걸으면서 만나는 주요 볼거리들, 길에 얽힌 사연들은 이야기로 풀어서 전해드립니다. 넷째, 대중교통을 이용해서 길의 출발점까지 찾아가는 방법과 지도를 실었습니다. 이용 시간 및 각종 편의에 대한 정보도 안내하였으니 산책을 나서기 전에 참고하시길 바랍니다. 본 책자는 서울특별시 ebook홈페이지(http://ebook.seoul.go.kr/)에서 무료로 보실 수 있습니다.

*본 책자에 사용된 지도 이미지는 (주)카카오와의 협의에 따라 카카오맵을 발췌하여 사용하였습니다.

kakaomap 바로가기

숲이 좋은 길,

포이 산책길
일자산 치유의 숲길
오패산 자락길
관악산 무장애숲길
불암산 자락길
둘리쌍문근린공원 산책로
배봉두메십리길
국사봉길
생태공원 둘레길
인재개발원 잣나무숲길
서울숲 공원길
매봉산 치유숲길
서울둘레길 7코스_서오릉고개 녹지연결로
청와대 앞길
삼청공원 순환산책길
서울대공원 치유의 숲길

포이 산책길 ❶

자연 생태계의 공존을 꿈꾸며

걷는구간	매봉역→양재천→달터공원→구룡산 정상
걷는거리	3.5km
소요시간	1시간 30분
추천시기	사계절
난이도	★ 초급코스

강남구 양재천과 구룡산을 단절시켰던 8차선 양재대로 위에 녹지연결로가 생겼다. 이에 따라 매봉역에서 출발하여 양재천과 달터공원을 거쳐 구룡산 정상으로 이어지는 3.5km의 산책길이 하나로 이어져 양재천에서 구룡산까지 사람과 동물이 자유롭게 다닐 수 있게 되었다. 녹지연결로가 생긴 이래 비로소 완전체가 된 이 길은 '포이 산책길'이라는 새로운 이름으로 거듭나 서울의 대표적인 걷기 명소가 되고 있다.

'지자요수 인자요산(知者樂水 仁者樂山)'이라는 말이 있다. 지혜 있는 자는 사리에 통달하여 물과 같이 막힘이 없으므로 물을 좋아하고, 어진 자는 의리에 밝고 산과 같이 중후하여 변하지 않으므로 산을 좋아한다는 뜻이다. '포이 산책길'이야말로 하천길과 숲길이 공존하여 지혜로운 자와 어진 자 구분 없이 모두가 만족하며 걸을 수 있는 아주 매력적인 길이다.

양재천에서 물 구경을 실컷 하고 중간에 양재천을 건너 달터공원으로 향한다. 양재천부터 구룡산 입구까지를 잇는 작은 능선 자락에 꾸며진 달터공원은 참나무와 소나무가 그늘을 드리운 울창한 숲 아래 눈높이에 맞춰 무성하게 핀 진달래와 야생화들이 눈에 즐거움을 주는 명품 숲길이다. 야트막한 높이에 부드러운 흙산이라 남녀노소 편안하게 걸을 수 있어 동네 주민들의 놀이터 겸 쉼터로 인기가 높다.

양재대로 녹지연결로는 사람과 자연이 어우러지는
'서울형 녹지연결로' 조성을 위해
녹지 보존·동물 이동로(최소 폭 10m 이상)와
보행로(폭 2m)가 함께 설치됐다.
대신 녹지 보존·동물 이동로와 보행로 사이에는
울타리를 설치하고 키가 큰 나무와 작은 나무를
다층구조로 섞어 심어 생태계를 보존하는 한편
시민 안전을 확보했다.

달터공원 숲길은 참나무와 소나무가
그늘을 드리우고 봄에는 진달래와
야생화들이 피어 산책에 즐거움을 더한다.

지하철 3호선 매봉역 4번 출구로 나와서
양재천을 횡단하는 보행자교로 진입한다.

02-3423-6248 강남구청 공원녹지과

이용시간 제한 없음
주차장 별도로 없음
포이근린공원에 화장실과 휴게시설 있음
유모차와 휠체어 이용 불가능
애견 출입 가능(목줄 사용)

달터공원부터 구룡산 정상까지는 깊은 숲속에 길게 뻗은 오솔길을 따라 쉽게 올라갈 수 있다. 구룡산이 306m로 제법 높은 편이지만 능선에 오른 후에는 경사가 심하지 않고 평탄한 숲길이 이어져 산책을 즐기며 걷기 좋다. 우거진 산길을 허위허위 더듬어 정상에 오르면 강남 일대와 유유히 흘러가는 한강, 그 너머 남산과 북한산, 도봉산까지 바라보인다.

일자산 치유의 숲길 ②

몸과 마음의
건강을 챙겨주는
닥터 숲

걷는구간	일자산 치유의 숲길 입구→수상계류길→야외운동시설 및 관리실→숲속쉼터→바람길→초록숲길→소리길→일자산 치유의 숲길 입구
걷는거리	0.7km
소요시간	40분
추천시기	사계절
난이도	★ 초급코스

최근 현대인들의 정신적 스트레스 완화와 집중력 향상, 인체 면역력 증진을 위한 치유 프로그램으로 인기를 끌고 있는 산림치유. 도시에 살다 보면 아무리 좋은 '산림치유'라 하더라도 접하기가 쉽지 않다. 일반적으로 '산림치유'라 하면 울창한 숲에서 산책하고 명상하는 것으로 여겨 멀리 지방의 이름난 숲을 찾기 마련이고, 이로 인해 오고 가는데 많은 시간과 비용을 할애할 수밖에 없기 때문이다.

그러나 이제 서울에서도 '산림치유'를 할 수 있게 되었다. 지하철이나 버스를 타고 강동구에 있는 '일자산'으로 가면 된다. 일자산은 강동구의 대표적인 공원으로 하남과 서울을 경계로 일자로 길게 뻗어 있어 '일자산(一字山)'이라는 이름이 붙었다. 잔디광장, 허브천문공원, 강동그린웨이 캠핑장, 도시농업공원, 해맞이공원 등이 있어 주민들로부터 많은 사랑을 받는 강동구의 명소다.

2017년 일자산 잔디광장 주변에 10,000m^2 규모의 '치유의 숲'을 조성하고, 약 500m의 숲길에 삼림욕벤치, 숲속쉼터, 바람을 느끼고 자연의 소리를 감상하며 걸을 수 있는 바람길과 소리길 등을 잘 꾸며 놓았다. 산 속을 걷다 보면 체조나 스트레칭을 하면서 몸의 활력을 되찾고, 햇살과 자연 그대로의 바람을 느끼며 지친 몸과 마음을 치

산림치유 프로그램은 매주 화~토요일 상시 운영되며, 참가비는 무료다.
서울시 공공서비스 예약사이트(yeyak.seoul.go.kr) 또는
강동구청 푸른도시과(☎02-3425-6453)를 통해 신청할 수 있다.

유할 수 있는 최적의 숲길이다.

2018년부터는 일자산 치유의 숲을 활용해서 가족, 친구, 동료 등과 함께 하는 산림치유 프로그램을 운영한다. 특히 아이, 노인, 임산부, 만성질환자 등 참여자의 특성에 따라 산림치유 지도사가 맞춤형 프로그램을 제공하고 있다. 도시 한복판에 이런 치유의 숲길이 존재한다는 것은 작은 축복일 것이다. 각종 대기오염과 스트레스로 점점 지쳐가고 있는 도시인들이여! 대중교통 타고 '일자산 치유의 숲길'에 가서 훌훌 털어버리고 홀가분해지길 권한다.

지하철 5호선 강동역 4번 출구로 나와서 동신중학교 정류장에서 342번 버스로 환승 후 일자산입구 정류장에서 하차한다.
02-3425-6443 강동구청 푸른도시과
이용시간 제한 없음 / 주차장 별도로 없음 / 화장실 잔디광장에 있음
유모차와 휠체어 이용 불가능 / 애견 출입 가능(목줄 사용)

오패산 자락길 ❸

보행약자도
산림욕을 즐기자!

걷는구간	주공4단지 408동 앞 정류장→ 강북구민운동장 좌측→강북구민운동장 좌측 쉼터→강북구민운동장 뒤편(족구장) →쉼터→금호아파트 뒤 자작나무숲→ 숲놀이터→오동근린공원 유아숲체험장 →오동근린공원 실내배드민턴장 또는 번동주공5단지 508동(종점)
걷는거리	1.5km
소요시간	30분
추천시기	사계절
난이도	★ 초급코스

서울 각 지자체에서는 언제부터인가 지역 주민들의 건강과 휴식을 위해 근교산에 '무장애숲길'을 조성하는 것이 유행이다. '무장애숲길'이란 지역에 있는 여러 산들 중에 경사가 완만하고 접근성이 뛰어난 곳을 선정해 노약자나 아이들은 물론, 휠체어나 유모차를 끌고도 오를 수 있도록 정비한 자락길을 일컫는다. 이런 나비효과의 바람을 타고 드디어 2016년 강북구에도 무장애숲길이 생겼으니, 그 주인공이 '오패산 자락길'이다.

강북구 미아동과 번동 사이에 위치한 123m높이의 오패산은 도심 한복판에 있으면서도 자연 생태가 잘 보존되어 있으며 산책로, 운동시설, 숲체험장 등이 잘 갖춰져 주민들의 휴식공간으로 사랑을 받는 곳이다. 기존 산책길과 연계하여 총 2km에 이르는 '오패산 자락길'을 조성하면서 강북구민운동장 주변 734m 구간과 오동실내배드민턴장 주변 586m 구간, 즉 1.32km 구간에 나무데크를 설치하여 무장애숲길을 만들었다.

1.32km의 자락길 구간은 휠체어나 유모차 바퀴가 빠지지 않도록 나무데크가 촘촘히 깔려있고 경사가 10도 이내로 평탄하여 노인, 어린이, 유아, 임산부, 장애인 등 보행약자도 아무런 불편 없이 무작정 걸으며 산림욕을 즐길 수 있다. 게다가 '무장애 자락길'이라는 이름답게 쉼터에는 전동휠체어 충전기를 설치하였고 나무데크를 따라 쭉

이어진 손잡이에 시각장애인을 위한 점자표시판도 부착해놓았다.

30분 정도의 짧은 코스이지만 워낙 숲이 울창하고 놀 거리가 풍부하여 남녀노소 누구나 알찬 휴식을 누릴 수 있다. 복자기나무숲, 자작나무숲 등 각기 다른 숲길이 속속들이 나타나고 중간에서 만나는 작은 계곡에서는 희미하게나마 물소리가 들리기도 한다. 특히 오동근린공원 구간에는 유아숲체험장이 있어 아이들이 자연 속에서 맘껏 뛰어놀며 다양한 숲 체험을 할 수 있다.

자락길 쉼터에는 경치를 바라보며 쉴 수 있는 벤치나 테이블뿐만 아니라
숲 속 독서를 즐길 수 있도록 북카페 도서관 책장을 설치해 놓았다.

유아숲체험장

🚆 지하철 4호선 수유역 3번 출구로 나와서 강북구청 정류장에서 강북09, 강북11번 버스로 환승 후 강북구민운동장·4단지 정류장에서 하차한다.

📞 02-901-6923 강북구청 공원녹지과

ⓘ 이용시간 제한 없음 / 주차 시설 별도로 없음 / 화장실 강북구민운동장에 있음 / 유모차와 휠체어 이용 가능 / 애견 출입 가능(목줄 사용)

관악산 무장애숲길 4

누구나 산을 오르다

걷는구간	관악산 관문 → 야외식물원 → 제1광장(호수공원) → 제2광장 화장실 → 모자봉 무장애 숲길
걷는거리	1.3km
소요시간	1시간 30분
추천시기	사계절
난이도	★ 초급코스

항상 많은 등산객으로 북적이는 관악산이 유모차와 휠체어를 동반한 등산객에게도 두 팔을 활짝 벌렸다. 관악산 제2광장에서 모자봉(열녀암)까지 경사도 약 8% 미만의 평평한 나무데크가 깔려있어 장애인, 노약자 등 보행약자들도 산을 오르는 기쁨을 누릴 수 있다. 숲길의 전체 폭은 설계 단계부터 휠체어 규격이나 회전 시 소요공간 등을 다각적으로 검토해 휠체어와 유모차 등이 서로 지나쳐 갈 수 있도록 여유가 있다. 그리고 곳곳에 점자안내판, 휠체어 급속충전기 등 장애인을 배려한 시설이 설치되어 있다.

총 1.3km의 전구간은 산의 모양새를 따라 산책하듯 숲을 즐길 수 있는 순환형 숲길(750m)과 Z(지그재그)형 오르막길을 따라 산을 오르며 전망할 수 있는 등반형 숲길(550m) 2가지 형태로 나뉘어 있어 그날의 기분과 몸 상태에 따라 골라 걷는 재미가 있다. 1구간인 순환형 숲길은 잣나무와 참나무가 우거진 숲 사이로 거의 평평한 길이 나있어 상쾌한 공기를 마시며 한가롭게 숲길을 거닐 수 있다.

2구간인 등반형 숲길은 바위쉼터에서 전망쉼터까지 Z형으로 길을 만들어 경사도를 최대한 낮춘 것이 특징이다. 지그재그로 설치된 나무데크길을 올라가다 보면 점점 시야가 트이면서 등산의 묘미가 느껴진다. 서울대와 관악산 능선을 바라보며 걷다 보면 무장애 숲길의 끝이자 정자가 있는 전망쉼터가 나온다. 근처 서울대학교 교정은 물론 남산타워와 63빌딩 등 서울 시내 전경이 한눈에 들어온다.

무장애 숲길 곳곳에 만들어진 쉼터도 매력적이다. 하트 모양의 바위가 있는 '바위 쉼터', 책을 볼 수 있는 '책 읽는 쉼터', 산림욕을 할 수 있는 '잣나무 쉼터' 등이 있어 유모차나 휠체어를 이용하는 사람들이 언제라도 쉬었다 갈 수 있도록 배려했다. 관악산 무장애 숲길은 이런 공로를 인정받아 2013년도 국토도시디자인대전에서 국토교통부 장관상을 수상했다.

- 지하철 2호선 서울대입구역 3번 출구로 나와서 서울대입구역 정류장에서 5511, 5513번 버스로 환승 후 서울대학교 정류장에서 하차한다. 관악산 관문, 제1광장, 제2광장을 거쳐 약 1.3km 걸어가면 입구가 나온다.
- 02-879-6522 관악구청 공원녹지과
- 이용시간 제한 없음 / 주차장 별도로 없음 / 제2광장에 화장실 있음
  관악산 제1광장에 음수대와 매점 있음
  유모차와 휠체어 이용 가능
  애견 출입 가능(목줄 사용)

순환형 숲길 끝에 조성된 '바위 쉼터'에는 오랜 세월을 거쳐 풍화작용으로 하트 모양을 한 바위가 있어서 등산객들에게 가장 인기가 많다.

불암산 자락길 ⑤

소소하지만 확실한 행복 숲길

걷는구간	불암산생태학습관→불암산 자락길 →불암산생태학습관 (순환형)
걷는거리	800m
소요시간	20분
추천시기	사계절
난이도	★ 초급코스

불암산은 서울시 노원구 상계동과 중계동 그리고 남양주시 별내면의 경계에 솟은 높이 508m의 나지막한 바위산이다. 산의 모습이 송낙을 쓴 부처의 모습과 같다 해서 '불암산'이라는 이름이 지어졌다. 능선이 길게 뻗어있어 시원한 경치를 맛볼 수 있고 산길도 험하지 않아 가볍게 오를 수 있는 곳이다. 그렇다보니 불암산은 지역 주민들이 자연과 더불어 살아갈 수 있게 해주는 노원구 최대의 보물이라 할 수 있다.

이 불암산에 그 누구도 숲으로부터 소외되는 사람 없이 자연과 호흡할 수 있는 무장애 숲길이 생겼으니 그 존재감이 한층 더 배가되었다. 총 길이 800m, 폭 2m, 경사도 8% 미만으로 조성된 '불암산 자락길'은 평평한 나무데크가 깔려있어서 전동휠체어나 유모차도 자유롭게 다닐 수 있고 어르신, 장애인, 임산부, 환자 등 보행약자들도 안전하고 편하게 산책을 할 수 있다. 곳곳에 벤치와 정자도 설치되어 있어 울창한 숲 속에서 쉼과 여유를 즐기기에 좋다.

불암산생태학습관
운영 시간은
매일 오전 10시부터
오후 5시까지이다.
숲 해설 프로그램과 생태학습
프로그램에 대한 문의 전화는
02-2116-3951이다.

산림생태계 조사에 따르면 불암산은 전형적인 낙엽활엽수림지역으로 돌단풍, 산앵도나무 등 18종의 식물이 보존 대상으로 나타났다. 그리고 강원도 산간 계곡의 맑은 물에서 서식하는 무당개구리와 산개구리가 불암산 계곡 거의 모든 지역에서 관찰되며, 박새류, 딱따구리류, 까치 등이 상당수 서식하고 있어 생태공원의 최적지라는 평가를 받았다.

이러한 불암산 생태계의 특징과 장점을 발휘하고자 만들어진 곳이 '불암산생태학습관'이다. 서울 동북권 최초이자 최고의 생태학습장이라 할 수 있는 이곳에 가면 불암산의 생태와 지리, 등산로 등을 제대로 알 수 있다. 숲 해설 프로그램도 운영하고 있으니 자락길을 걷기 전에 들러 한 수 배우고 가면 더 유익하고 알찬 산책이 될 것이다.

지하철 4호선 상계역 3번 출구로 나와서 상계벽산아파트 정류장에서 1224번 버스로 환승 후 중계주공3단지 정류장에서 하차한다. 불암산 생태학습관까지 걸어서 6분 정도 걸린다.

02-2116-3950 노원구청 푸른도시과

이용시간 제한 없음 / 주차장 별도로 없음 / 생태학습관에 화장실 있음
유모차와 휠체어 이용 가능 / 애견 출입 가능(목줄 사용)

둘리쌍문근린공원 산책로 ⑥

둘리와 함께 산책하실래요?

걷는구간	한양아파트 1동 앞 버스정류장→둘리쌍문근린공원 입구(한양7차아파트 703동 옆)→청심천→둘리유아숲체험장→둘리뮤지엄→세심천 약수터→여행공원 →우이빌라 앞 버스 정류장
걷는거리	2.5km
소요시간	1시간
추천시기	사계절
난이도	★ 초급코스

도봉산 자락에 위치한 '둘리쌍문근린공원'은 도봉구 방학3동, 쌍문1동, 쌍문2동, 쌍문4동에 걸쳐있으며 동서로 길게 누워있는 형상을 하고 있다. 예전에는 '쌍문근린공원'이라 불렸는데 공원 안에 만화 속 주인공인 '아기공룡 둘리'를 주제로 한 조형물이나 흥미진진한 시설들이 하나 둘 생겨나면서 '둘리쌍문근린공원'이라는 새 이름을 얻었다.

약 5천 평 규모의 공원에는 목련, 느티나무, 팥배나무, 때죽나무 등 30여 종의 울창한 나무들과 벌개미취, 구절초, 맥문동, 원추리 등 20여 종의 식물들이 잘 관리되어 있어 입구에 들어서면 숲과 하나가 되는 기분이 든다. 숲 속 산책로를 거닐다 보면 약수터도 나오고, 숲 속 놀이터도 만나고, 뮤지엄이나 도서관도 들러볼 수가 있다. 한 걸음에 어린이부터 어른까지 즐길 수 있는 꺼리들이 모여있다 보니 '세대 공감 휴식처'로 그 역할을 톡톡히 하고 있다.

그렇다면 '쌍문근린공원'에 왜 둘리가 등장할까? 만화에서 빙하 타고 내려온 둘리가 처음 발견된 장소가 바로 쌍문동이기 때문이다. 고로 도봉구 쌍문동은 '아기공룡 둘리'의 고향이다. 쌍문동 출신의 둘리가 어린이부터 어른까지 모두 좋아하는 유명인이 되어 지금은 공원 곳곳 어디에서나 만날 수 있게 되었다.

둘리뮤지엄은 도슨트를 따라 찬찬히 둘러보면 총 2시간이 걸린다.
오전 10시부터 오후 4시 20분까지 20분 단위로 입장할 수 있다.
홈페이지에서 예약하면 기다리지 않고 들어갈 수 있다.
http://www.doolymuseum.or.kr 문의 02-990-2200

🚆 지하철 4호선 쌍문역 2번 출구로 나와서 쌍문역 버스정류장에서 도봉05번 또는 도봉06번 버스로 환승 후 쌍문현대1차아파트 정류장에서 하차한다. 한양2,3,4차 아파트 1동 앞을 지나 한양7차아파트 703동까지 걸어가면 공원 입구가 나온다. (도보로 약 9분 정도 소요)

📞 02-2091-3762 도봉구청 공원녹지과

ⓘ 이용시간 제한 없음 / 주차장 별도로 없음 / 화장실과 휴게시설 둘리뮤지엄에 있음
유모차와 휠체어 이용 불가능 / 애견 출입 가능(목줄 사용)

공원 산책로와 연결된 '둘리유아숲체험장'과 '둘리뮤지엄'에서는 어른 아이 모두 자연 속에서 상쾌한 공기를 마시며 둘리와 함께 즐거운 시간을 보낼 수 있다. 둘리뮤지엄 입구에 들어서면 2개의 건물이 있다. 왼쪽은 둘리와 친구들이 숨어있는 숲 속에서 뒹굴거리며 책을 볼 수 있는 도서관, 오른쪽은 박물관이다. 박물관은 지하 1층부터 지상 3층까지 공간마다 만화 속 에피소드를 테마로 꾸며져 있다. 요리 보고 저리 보다 보면 아이들은 둘리와의 새로운 추억을 쌓고, 3040 부모 세대들은 그 옛날 둘리와의 추억에 빠지는 시간이 된다.

배봉두메십리길 7

숲과 삶의 향기가 물씬 풍기는 곳!

걷는구간	용두근린공원(용두역)→고미술상가→답십리촬영소 영화전시관→답십리2공원→답십리1공원→배봉산둘레길→배봉산 연육교→배봉산쉼터
걷는거리	9.1km
소요시간	3시간
추천시기	사계절
난이도	★★ 중급코스

두메라는 단어를 사전에서 찾아보면 '도시에서 멀리 떨어진 깊은 산골이나 사람이 많이 살지 않는 변두리'라는 뜻을 가지고 있다. '배봉두메십리길'이라는 이름을 들었을 때, 서울시 한복판을 차지하고 있는 동대문구에 깊은 산골 같은 곳이 있는 것일까? 하는 의구심이 들 것이다. 그러나 배봉산과 답십리산의 숲길을 걷고, 손때 묻은 옛 가구나 소품들을 전시해놓은 고미술상가 등을 지나다 보면 '배봉두메십리길'에 얽힌 궁금증이 한 쾌에 해결될 것이다.

배봉산 자락길은 무장애 숲길로 보행약자들도 편안하고 안전하게 걸을 수 있다. 사계절 내내 다양한 수종이 숲을 이루고 접근성이 좋아 시민들이 즐겨 찾는 곳이다.

용두근린공원을 출발하여 곧게 뻗은 산책로를 30분 정도 걷다 보면 답십리 고미술상가가 나온다. 답십리는 조선 초기 무학대사가 왕도를 정하려고 도성에서 10리 떨어진 이곳을 밟았다고 하여 유래되었다. 손때 묻은 옛 가구와 생활용품들, 오래된 미술품, 그리고 독특한 소품들까지 시대의 향수를 느끼며 구경하는 재미도 있지만 얽힌 사연을 묻거나 가격을 흥정하는 재미가 더 쏠쏠하다. 뚜벅뚜벅 답십리를 밟으며 30분 정도 더 걸어가면 촬영소 영화전시관이 보인다.

답십리 고미술상가, 답십리촬영소 영화 전시관을 구경하고 나오면 숲길이 시작된다.
배봉산 황토길을 걸으며 힐링해 보자.

배봉산정상공원

1964년에 지어진 스튜디오로 그 당시 영화 촬영의 최고의 명소이자 한국 영화의 산실이었다고 한다. 80여 편의 영화가 제작되었고, 1969년 이만희 감독의 '생명'을 마지막으로 답십리 촬영소는 역사의 뒤안길로 사라졌다.
촬영소 영화전시관은 마치 박물관과 숲길을 나누는 관문과 같다. 전시관을 지나면 동대문구의 산소통이라 할 수 있는 답십리공원과 배봉산의 나지막한 숲길이 쭉 이어진다. 산이 절대 부족한 동대문구에서 유일하게 산지에 조성된 숲길이다 보니 상당히 귀한 대접을 받는다. 능선과 중턱을 따라 산책로가 잘 닦여있고, 곳곳에 편의시설이 잘 만들어져 있어 주민들에게 아주 훌륭한 휴식처 노릇을 하고 있다.

지하철 2호선 용두역 4번 출구로 나와서 서울교통공사 본사 방향으로 2km 걸어가면 사거리가 나온다. 서울동답초등학교 방향으로 1km 걸어가면 답십리공원 입구가 나온다.
02-2127-4778 동대문구청 공원녹지과
이용시간 제한 없음
주차장 별도로 없음
화장실, 휴게시설 영화전시관에 있음
유모차와 휠체어 이용 불가능
애견 출입 가능(목줄 사용)

서울, 테마산책길 | 숲이 좋은 길 | 동작구

국사봉길 ⑧

역사가 서려있는 이야기 숲길

걷는구간	숭실대입구 1번 출구→살피재→상도근린공원 관리사무소→국사봉 정상→생태놀이터→양녕대군 이제 묘역→버스정류장(롯데캐슬)
걷는거리	2.5km
소요시간	1시간 30분
추천시기	사계절
난이도	★★ 중급코스

지금은 차도와 빌딩 숲으로 변한 살피재

국사봉 정상에 있는 비석에는 國師峰이라 쓰여 있지만 國思峰이라고도 한다. 세종의 맏형 양녕대군이 국사봉에 올라 경복궁을 바라보며 조선과 조선의 왕인 동생을 걱정했다는 데서 유래한다.

국사봉은 동작구와 관악구 사이에 있는 해발 184m의 야트막한 산이다. 작은 산이지만 속은 자연을 느끼기에 부족함이 없을 만큼 나무들이 들어차 있어서 도심의 삭막함을 잊게 해준다. 특히 국사봉의 능선을 따라 정상에 도달하는 '국사봉길'을 걷다 보면 동네 뒷산의 힘이 얼마나 위대한지 그 푸른색에 매료된다.

'국사봉길'은 차도와 빌딩 숲으로 변신한 '살피재'에서 출발한다. '살피재'는 동작구 상도동에서 관악구 봉천동으로 넘어가는 고개이다. 옛날 이곳에 수목이 울창하고 도둑이 많아서 고개를 넘어가는 사람들에게 "살펴가라"고 당부했다 하여 그 이름이 붙여졌다. 살피재를 걸어 상도근린공원에 도착하면 국사봉으로 올라가는 산책로가 본격적으로 시작된다.

산책로는 나무계단과 오솔길이 적절히 조화를 이루며 잘 다듬어져 있다. 그래도 비탈길이 꽤 있으니 너무 우습게보면 안 된다. 곳곳에 생태연못이나 운동시설 등 쉼터가 많으니 쉬엄쉬엄 둘러보는 것이 좋다. 오르락내리락하며 정상에 이르니 '국사봉(國師峰)'이라 쓰여 있는 비석이 반긴다. 저 멀리 한강과 남산 그리고 빌딩 숲이 시원하게 내려다보이니 정상에 올랐다는 게 실감이 난다.

양녕대군 이제 묘역

생태놀이터

내려오는 길에 만나는 생태놀이터는 2018년 국사봉 자락에 새롭게 조성되었다. 아이들이 자연을 체험하고 놀이를 즐길 수 있도록 모래와 흙이 가득한 놀이동산으로 잘 꾸며놓았다. 숲길을 나와 다시 차도를 걷다 보면 '양명문(讓名門)'이라는 현판이 걸린 한옥이 나온다. 한옥 대문을 열면 세종대왕의 큰형 양녕대군의 묘와 사당이 있는 '양녕대군 이제 묘역'을 만날 수 있다. 18년 동안 출입을 제한했다가 2018년에 개방된 묘역은 산새 지저귀는 소리와 연못의 물 흐르는 소리가 들려오는 아름다운 정원이자 소중한 문화재이다.

- 지하철 7호선 숭실대입구역 1번 출구로 나와서 서울봉현초등학교 방향으로 걸어서 300m 정도 이동하면 산책로 입구가 나온다.
- 02-820-1396 동작구청 공원녹지과
- 이용시간 제한 없음. 단, 양녕대군 이제 묘역은 이용시간 제한 있음
  주차장 별도로 없음 / 화장실 있음(관리사무소, 생태놀이터, 양녕대군 이제 묘역)
  유모차와 휠체어 이용 불가능 / 애견 출입 가능(목줄 사용)

생태공원 둘레길 9

야생 동식물의 낙원

걷는구간	우면산 자연생태공원(우면동 산34-1 등)
걷는거리	1.2km(순환길)
소요시간	1시간
추천시기	사계절
난이도	★ 초급코스

우면산 자연생태공원은 환경부가 아닌 광역자치단체로는 처음으로
2007년 12월 서울시가 야생동물(두꺼비) 보호구역으로 지정한 곳이다.
참나무숲 자연림과 사계절 마르지 않고 흐르는 계곡,
산란과 부화에 적합한 환경을 갖춘 저수지 등이 있는 공원은
두꺼비들이 살기에 최적의 조건을 갖고 있다.

서초구 우면동과 서초동 그리고 강남구 양재동에 걸쳐있는 높이 293m의 우면산. 서울 강남권 허파로 불리는 이 우면산 기슭에 자연 야산의 생태를 그대로 복원한 국내 최초의 산림형 생태공원인 '우면산 자연생태공원'이 꼭꼭 숨어있다. 이 생태공원의 얼굴이라 할 수 있는 저수지를 기점으로 2개의 계곡 주변을 순환하는 숲길을 '생태공원 둘레길'이라 부른다.

산 속 주택가인 향촌마을을 지나 돌계단을 따라 조금만 올라가면 산 그림자 비치는 작은 저수지가 반겨준다. 밭에 물을 대는 용으로 만들어진 저수지에는 온갖 습지생물과 식물들이 살고 있다. 특히 희귀종으로서 보전 가치가 인정된 두꺼비의 산란지이자 집단 서식지로 밝혀져 서울시에서 야생동물보호구역으로 지정하였다.

저수지 주변 1320m 길이의 탐방로는 기존 등산로를 그대로 활용해서 우면산의 자연 생태를 관찰할 수 있게 만들어졌다. 관찰원은 숲, 나비, 야생조류, 수서생물, 곤충, 풀꽃, 계곡, 염료식물 등 총 15개의 테마로 꾸며졌다. 최소한 손을 대지 않고 최대한 숲을 가까이서 느낄 수 있도록 세심한 배려를 아끼지 않았다.

나비관찰원을 지나면서 울창한 참나무 숲이 시작된다. 길이 잘 닦여 있고, 경사도 완만해 남녀노소 누구나 걷기에 부담이 없다. 우면산 자연생태공원에는 황조롱이, 오색딱따구리, 노랑할미새, 박새, 나비, 고들빼기, 도라지, 더덕, 쑥, 애기똥풀, 홍화, 상수리나무, 신갈나무, 갈참나무, 굴참나무, 떡갈나무, 졸참나무 등 112종의 동식물이 서식하고 있어 산책의 즐거움과 함께 도심 속 생태계를 관찰하는 재미를 더해준다.

지하철 3호선 양재역 11번 출구로 나와서 양재역 정류장에서
3412번 버스로 환승 후 삼성전자서울R&D 정류장에서 하차한다.
우면산 쪽으로 난 마을의 골목길을 5분 정도 걸어 들어가면 입구가 나온다.

02-2155-6883 서초구청 공원녹지과

이용시간 제한 없음
주차장 별도로 없음
화장실, 휴게시설 별도로 없음
유모차와 휠체어 이용 불가능
애견 출입 가능(목줄 사용)

서울, 테마산책길 | 숲이 좋은 길 | 서초구

인재개발원 잣나무숲길 ⑩

잣나무 향을 타고
놀이의 세계로!

걷는구간	인재개발원 야외화장실 뒤 쉼터→매실밭→육각정자→테니스장→숲속교실→유아숲→잣나무 숲길→종합운동장
걷는거리	3km
소요시간	1시간
추천시기	사계절
난이도	★ 초급코스

잣나무 숲길의 '숲속 교실'은 서울시 인재개발원이 시민들을 대상으로 인문학 특강을 열었던 곳으로, 2016년 서울시에서 발굴한 '사색의 공간'으로 선정되었다.

서초구는 먼 옛날부터 전국 각지로 떠나는 사람들과 서울로 들어오는 사람들이라면 꼭 거쳐야 하는 사통팔달의 도시다. 우리나라에서 가장 규모가 큰 버스터미널이 있고 지하철 노선만 해도 여섯 개가 거쳐 간다. 게다가 서울에서 얼마 안 되는 자연이 풍부한 곳 중 하나다. 서초구의 북쪽으로는 한강이 흐르고 남쪽에는 청계산과 우면산이 있다.

'서초구의 허파'인 우면산은 배를 깔고 졸고 있는 소를 닮았다는 지명 유래가 따른다. 관악산 줄기의 같은 흙산이지만 청계산은 618m인데 반해 우면산은 293m로 낮고 순한 산세를 지녔다. 우면산을 오르는 등산로마다 산행길이 짧고 평탄한 데다 나무로 만든 계단과 숲길이 잘 정비되어 있어서 편안한 차림으로도 오르기 쉽다. 꼭대기 소망탑은 해돋이 명소뿐만 아니라 전망이 좋기로 소문이 자자하여 인근 주민들의 사랑을 받는 곳이다.

우면산 등산로는 예술의 전당 뒤편으로 오르는 길과 남부터미널 근처 인재개발원 뒤로 오르는 길 등 여러 코스가 있다. 그 중에서도 우면산의 능선에 해당하는 인재개발원의 뒷산에 올라가면 우거진 잣나무 숲에서 나오는 솔 향이 코를 찌른다. 우면산의 다른 등산로에 비해 사람들이 많이 드나들지 않는 곳이라 더 한적하고 평온하다.

잣나무 숲길 사이로 난 흙길을 따라 올라가다 보면 쉼터와 육각정자도 나오고 강의실 분위기가 물씬 나는 숲 속 교실도 나타난다. 이렇게 정적으로 산책의 묘미를 즐겼다면 '유아숲'에서는 나뭇잎, 나뭇가지, 열매 등 자연 속에서 놀 거리를 찾으며 신나게 놀아보자! 숲은 우리가 그 속에서 명상이나 사색을 즐길 때뿐 아니라 자연을 만지고 느끼는 순간에도 정서적인 안정감을 주는 아주 고마운 공간이다.

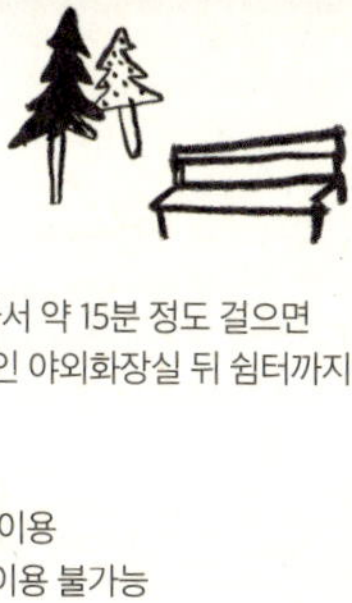

🚆 지하철 3호선 남부터미널역 4-1번 출구로 나와서 약 15분 정도 걸으면 인재개발원이 나온다. 인재개발원에서 출발지인 야외화장실 뒤 쉼터까지는 걸어서 5분 정도 걸린다.

📞 02-3488-2054 인재개발원 인재기획과

ⓘ 이용시간 제한 없음 / 인재개발원 유료 주차장 이용
인재개발원에 화장실 있음 / 유모차와 휠체어 이용 불가능
애견 출입 가능(목줄 사용)

서울, 테마산책길 | 숲이 좋은 길 | 성동구

서울숲 공원길 ⑪

사계절이 즐거운 놀이동산

걷는구간	수변휴게실 커뮤니티센터 → 숲속길 → 가족마당 북쪽 산책로 → 스케이트파크 → 군마상 → 갤러리정원 → 곤충식물원 → 이벤트마당 → 서울숲다리 → 수변휴게실 커뮤니티센터
걷는거리	2km
소요시간	1시간
추천시기	사계절
난이도	★ 초급코스

빌딩 숲으로 둘러싸인 서울 한복판에도 뉴욕의 센트럴파크, 런던의 하이드파크가 부럽지 않을 만큼 숲이 우거지고 흙냄새 가득한 공원이 있다. 바로 성동구에 위치한 서울숲이다. 원래 이 터는 옛날에는 임금이 사냥하고 무예를 검열하던 곳이었고, 충청도와 경상도를 오가며 물자를 나르는 뚝섬 나루터가 있었다. 한강이 개발되기 전에는 강변의 모래사장에서 수영을 즐기기도 했다. 그러다 1950년대 이후 들어서 있던 경마장, 체육공원, 골프장 등을 과감히 이전시키고 2005년에 15만평 규모의 공원을 조성하였다.

서울숲은 문화예술공원, 체험학습원, 생태숲, 습지생태원 등 4가지의 특색 있는 공간으로 구성되어 있다. 그 중에서도 '서울숲 공원길'은 주로 문화예술공원과 체험학습원을 한 바퀴 돌아볼 수 있는 산책길을 말한다. '서울숲 공원길'은 하늘을 향해 가지가 쭉쭉 뻗어있는 다양한 수종의 숲길과 넓은 잔디밭, 호수와 각종 테마정원 등 계절마다 공간마다 제각각의 매력을 뽐내는 공간들이 모여있어서 산책과 운동, 소풍 등 휴식을 위해 찾는 시민들이 굉장히 많다.

서울숲은 조성부터 프로그램 운영까지 시민의 참여로 이뤄진 최초의 공원으로, 시민들 스스로 공원을 가꾸고 즐기는 곳으로 만들어간다.

서울숲 안에 조성된 생태숲에서는 꽃사슴, 고라니, 야생조류 등을 관찰할 수 있다. 서울숲 홈페이지에서 예약을 하면 사육사가 동반하여 동물의 생태와 행동에 대해 배우고 접하는 체험프로그램에 참여할 수 있다.

그래서인지 남녀노소, 연령대에 상관없이 많은 사람들이 숲을 아끼고 즐기는 모습들을 볼 수 있다. 산책로를 따라 나란히 걷는 노부부, 자전거를 타고 질주하는 아이들, 편안한 옷차림으로 커피 한 잔 들고 얘기를 나누는 중년 부부 등 동네 사람들 모두 스스럼없이 숲과 어울린다.

특히 서울숲에는 벚나무길, 메타세쿼이아길, 노란 은행나무길, 붉게 물든 대왕참나무 단풍길, 갈대가 춤을 추는 바람의 언덕 등 크고 작은 숲들이 한데 모여있어서 계절별로 가장 예쁜 길을 찾아다니는 별미가 있다. 그리고 넓은 잔디밭과 어린이 놀이시설이 잘 조성되어 있어서 가족끼리 도심 속 나들이를 즐기기에도 딱 좋다. 곤충식물원에 가면 추운 겨울에도 나비와 신기한 곤충들, 동물들을 만날 수 있으니 꼭 들어가 보길 권한다.

지하철 분당선 서울숲역 3번 또는 4번 출구로 나오면 서울숲이 보인다.
02-460-2905 서울숲
연중무휴(일부 시설 월요일 휴관) / 서울숲 유료주차장 이용
화장실, 휴게시설 별도로 있음 / 유모차와 휠체어 이용 가능
애견 출입 가능(목줄 사용)

성동구 매봉산 치유숲길 ⑫

주민 건강 챙기는 숲길

걷는구간	옥수파크힐스아파트 124동 뒤 공원입구 → 치유숲길 만남데크 → 빛명상숲 → 기체조숲·단풍나무쉼터 → 숲길 → 명상의 숲 → 은행나무 쉼터 → 매봉산 팔각정 → 중구 황톳길 → 421번 버스종점
걷는거리	1km
소요시간	40분
추천시기	사계절
난이도	★ 초급코스

매봉산은 성동구, 중구, 용산구에 걸쳐있는 산으로 주택가와 가깝고 산세가 완만하여 인근 주민들에게 사랑을 듬뿍 받고 있다. 게다가 벚나무와 단풍나무 등 울창한 숲 사이로 산책로가 잘 조성되어 있어서 봄에는 꽃구경, 가을에는 단풍 구경으로 사람들이 늘 북적거리고 한강의 야경이 일품이라 그 가치를 더욱 인정받는다. 특히 해발 174m의 정상에 우뚝 서 있는 팔각정에 오르면 유유히 흐르는 한강의 물줄기를 굽어 볼 수 있어서 동네 뒷산치고는 제법 넓은 품을 지니고 있다.

매봉산 정상으로 이어지는 구간에 조성된 황톳길은 성동구와 중구 경계에 있다.
맨발에 닿는 황토의 감촉과 흙냄새로 숲의 매력을 한층 높여준다.

2018년, 매봉산에 주민들의 사랑을 독차지할 또 하나의 숲길이 탄생했다. 매봉산 자락을 따라 쉬엄쉬엄 걸으며 몸과 마음을 정화할 수 있는 '치유숲길'이 바로 그 주인공이다. 마치 순간이동을 하듯이 아파트에서 바로 숲길로 빠져들어 흙길을 타박타박 걷다 보면 발바닥부터 시작해 온 몸의 감각이 살아나면서 저 멀리 새소리도 들리고 나뭇잎에 스치는 바람의 냄새도 느껴진다.

매봉산 치유숲길은 '산림치유'라는 목표를 가지고 주민들이 숲에서 몸과 마음의 건강을 챙길 수 있도록 만들어졌다. '산림치유'란 숲에서 발생하는 음이온, 피톤치드 등 치유 성분을 받으며 신체활동과 명상을 하는 것으로 스트레스 완화, 집중력 향상, 면역력 증진 등 다양한 효과가 있다고 알려져 있다. 그런 의미에서 매봉산은 인근 주민들에게 천금 같은 휴식처로 산림치유에도 최적의 공간이다.

421번 버스를 타고 옥수파크힐스아파트앞 정류장에서 하차 후 맑은샘어린이집을 지나 옥수파크힐스아파트 124동까지 걸어가면 공원 입구가 나온다.

02-2286-5656 성동구청 공원녹지과

이용시간 제한 없음
주차장 별도로 없음
매봉산 팔각정과 421번 버스 종점 사이에 화장실 있음
유모차와 휠체어 이용 불가능
애견 출입 가능(목줄 사용)

치유숲길은 산림욕 베드와 평상에 누워 따스한 햇살을 느끼며 명상할 수 있는 빛 명상 숲, 통나무 의자에 앉아 자연의 소리를 들으며 잠시 쉬어가는 쉼터, 나무에 기대어 숲의 기운을 얻을 수 있는 기체조 숲, 고요한 분위기 속에서 명상을 할 수 있는 명상의 숲 등 다양한 방식으로 숲을 체험할 수 있는 공간들로 구성되어 있다. 숲을 해치지 않고 최대한 자연 그대로 조성해 놓은 산책길 곳곳에는 주민들의 건강을 챙기고 배려하는 마음이 은근히 배어있다.

서울둘레길 7코스_서오릉고개 녹지연결로 ⑬

사람과 자연,
도시와 자연을 잇다

걷는구간	녹지연결로 계단(봉산쪽)→녹지연결로 →갈현동 우남아파트 옆 산책로 →녹지연결로 계단(앵봉산 쪽)
걷는거리	0.8km
소요시간	20분
추천시기	사계절
난이도	★ 초급코스

서오릉고개는 은평구 갈현동과 구산동을 양쪽에 끼고 지나가는 큰 도로(서오릉로)에 있다. 옛날부터 서오릉(西五陵)으로 이어지는 능선의 중요한 곳에 있기 때문에 '서오릉고개'라는 이름이 붙었다. 서오릉고개를 사이에 두고 낮은 구릉성 산지가 남북으로 뻗어있는데, 북

쪽을 '앵봉산'이라고 하고 남쪽을 '봉산'이라 부른다. 지금의 서오릉 고개는 경사를 깎고 앵봉산과 봉산을 가로지르는 아스팔트 포장도로를 깔면서 고개라는 느낌은 들지 않는다.

2018년 7월, 서오릉로 개설로 40년간 단절됐던 '봉산'과 '앵봉산'을 연결하는 서오릉고개 녹지연결로가 완성되었다. 2016년 착공을 시작하여 2년 만에 모습을 드러낸 녹지연결로는 길이 70m, 폭 10m, 높이 10m로 주민들을 위한 산책로와 생물의 이동이 가능한 생태통로가 함께 설치되어 있다. 그리고 주변 둘레길을 걷다가 유명 시인들의 시를 감상하는 시비(詩碑)와 휴식을 취할 수 있는 광장, 공연 및 행사가 가능한 숲속무대 등 다양한 휴식공간도 마련되었다.

서오릉고개 녹지연결로는 여러 가지 측면에서 의미가 있다. 우선, 서울둘레길 7코스와 은평둘레길을 걷는 시민들이 봉산이나 앵봉산을 내려왔다가 다시 산으로 올라가지 않고 녹지연결로를 건너 편리하게

서울둘레길 제7코스는 가양대교→난지한강공원→월드컵공원→불광천→봉산 입구에 이르는 7-1구간(7.3km)과 봉산→벌고개→앵봉산→은평환경플랜트→구파발역에 이르는 7-2구간(9.3km)으로 나누어진다.

산책을 즐길 수 있다. 또한, 단절된 녹지축을 연결하여 생물의 이동을 가능하게 하는 Green-network을 구축함으로써 사람과 자연, 도시와 자연을 잇는 상생과 소통의 다리가 되어준다는 점이다.

7만 3,000m^2의 대규모 '팥배나무 군락지'로 유명한 봉산은 희귀성과 생태학적 가치를 인정받아 2007년 서울시 생태경관보전지역으로 지정되었다. 그리고 일명 '꾀꼬리산'이라 불리는 앵봉산에 가면 노래하는 꾀꼬리의 아름다운 울음소리를 들을 수 있고, 서울에서는 보기 드문 '서어나무 집단서식지'를 만날 수 있다. 앞으로 서오릉고개 녹지연결로는 '앵봉산'과 '봉산'이라는 특별한 자연생태계를 이어줌으로써 은평구를 넘어 서울의 명소가 될 것이다.

🚇 지하철 6호선 응암역 2번 출구로 나와서 우리들약국 정류장에서
은평02번 버스로 환승 후 천사원입구·서북병원 정류장에서 하차한다.
서북병원 옆 산책로 입구로 이동한다.

📞 02-351-8003 은평구청 공원녹지과

ⓘ 이용시간 제한 없음 / 주차장 별도로 없음 / 화장실과 휴게시설 별도로 없음
유모차와 휠체어 이용 불가능 / 애견 출입 가능(목줄 사용)

청와대 앞길 ⑭

시민들에게 되돌아온 산책길

걷는구간	청운효자동 주민센터→무궁화동산 →청와대 앞길→공근혜갤러리 →삼청동 주민센터
걷는거리	1.2km
소요시간	20분
추천시기	사계절
난이도	★ 초급코스

2017년, 드디어 청와대 앞길이 50년 만에 시민들에게 전면 개방됐다. 청와대 앞길은 청와대 서편의 청운효자동 주민센터(효자동 방면)에서 청와대 앞을 거쳐 동편의 삼청동 주민센터(삼청동 방면)로 빠지는 길을 이른다. 앞을 가로막는 벽처럼 느껴졌던 검문소와 바리게이트는 사라지고 그 자리에 친절히 길을 알려주는 교통안내초소가 생겼다. 개방 이후, 미국의 백악관이 관광객들의 명소가 된 것처럼 청와대도 점점 입소문을 타고 관광객들이 찾아오고 있다.

청와대는 1968년 31명의 북한 무장공비 습격 사건 이후 완전히 폐쇄되었다가 1993년부터 일부 출입이 허용되었지만 밤에는 통제해왔다. 청와대 앞길이 활짝 열리면서 가장 좋은 점은 북악산이 가장 아름답게 보이는 청와대 정문 앞에서 마음껏 사진을 찍을 수 있고, 한밤중에도 어디를 어떤 목적으로 가는지 묻는 사람 없이 자유롭게 다닐 수 있다는 점이다.

청와대 앞길로 들어서면 좌우로 울창한 나무들이 줄지어 서 있어 나무그늘과 아름다운 꽃밭을 감상하면서 산책을 할 수가 있다. 경복궁

서측 효자로에는 대림미술관과 진화랑 등 갤러리가 몰려 있고, 이 거리를 따라 올라가면 청와대 방문자센터 역할을 하는 사랑채와 분수대가 있는 효자동 삼거리에 이른다. 경복궁 동측 삼청로에도 이름난 갤러리들 뿐만 아니라 국립민속박물관과 국립현대미술관 서울관이 자리하고 있어 예술작품 감상의 기회도 가질 수 있다.

청와대 앞길이 개방되면서 경복궁 돌담을 따라 걷는 둘레길이 새로운 산책길로 떠오르고 있다. 청와대 앞길과 경복궁 후문이 연결되어 있어 이제는 시간에 구애 없이 경복궁을 관람한 뒤 둘레길을 한 바퀴 걸을 수 있게 됐다.

매주 화요일~토요일까지
홈페이지를 통해 사전 관람
신청을 하면 무료로
청와대 내부를 관람할 수 있다.
노약자들을 위한 우편 신청도
받고 있으며, 신분증 외에
특별한 준비물은 없다.
관람문의 02-730-5800
tour@president.go.kr

지하철 3호선 경복궁역 3번 출구로 나와서 청와대 방면으로 약 800m 걸어가면 청운효자동 주민센터가 나온다.

02-2148-2834 종로구청 공원녹지과

이용시간 제한 없음 / 주차장 별도로 없음 / 화장실 주민센터에 있음
유모차와 휠체어 이용 가능 / 애견 출입 가능(목줄 사용)

삼청공원 순환산책길 ⑮

시간이 멈춘 고즈넉한 산책길

삼청공원은 안국역에서 마을버스를 타고 바로 가도 좋지만 삼청동 거리를 구경하며 걸어가는 것도 좋다. 아기자기하고 개성 있는 골목 풍경을 구경하다 보면 30분 정도 되는 시간이 전혀 지루하지 않다.

걷는구간	관리사무소→삼청공원 후문→말바위 입구→말바위 전망대→와룡공원 정상→성균관대 후문→감사원 후문→관리사무소
걷는거리	2.5km
소요시간	1시간 10분
추천시기	사계절
난이도	★ 초급코스

삼청공원은 북악산 자락의 깊은 골짜기에 조성된 아주 유서 깊은 공원이다. 물이 맑고 숲이 맑아 사람의 마음이 맑아진다고 해서 '삼청'이라고 불리게 되었다. 역사 또한 길다. 무려 1940년에 도시계획공원 1호로 지정되어 경성부(서울시)가 조선총독부로부터 삼청동 안 임야를 빌려 지금의 공원을 조성했다. 일제 강점기 때 심어놓은 왕벚나무, 산벚나무와 이후 늘어난 상수리나무, 신갈나무 등의 참나무류 등 40여 종 1000여 그루의 수종(樹種)들로 울창하다.

서울엔 저마다 개성을 갖춘 공원들이 많은데, 그 중에서도 삼청공원이 작은 규모에 비해 다채로운 산책길을 많이 품고 있다. 오래 묵은 나무들로 우거진 공원 안 산책로, 카페가 있는 숲속도서관, 한양도성 성곽길과 북악산으로 올라가는 산책길, 와룡공원 순환산책로 등을 이어서 발걸음을 옮기다 보면 서울의 속살만을 골라서 여행하는 것 같은 기분을 선사해준다.

2013년 공원 매점이 있던 자리에 '숲속 도서관'이 생겼다. 작은 도서관이지만 큰 통유리로 바깥 풍경을 바라보며 책을 읽을 수 있어 좋다. 이곳의 조용함은 '삼청'이라는 이름에 걸맞게 고즈넉하고 평화롭다. 공원을 거닐다 보면 '말바위전망대' 이정표가 보인다. 나무

삼청공원 숲속도서관

계단 좌우로 굽고 휜 소나무 숲길을 따라 전망대에 오르면 주변의 성곽과 서울의 도심 풍경이 멋지게 펼쳐진다.

'말바위전망대'를 내려와 성곽길을 따라가면 와룡공원이 나온다. 와룡(臥龍)이라는 뜻과 같이 용이 누워있는 것처럼 공원의 능선이 평탄하게 쭉 뻗어있다. 와룡공원은 산책길이 완만한 데다 숲이 우거져 걷기에 좋다. 특히 봄에는 산수유, 매화, 진달래, 개나리 등이 화려하게 피어나고 삼청공원까지 이어지는 산책로에 아름다운 벚꽃들이 흐드러지게 피어 지역 주민들에게 많은 사랑을 받고 있다.

말바위

말바위전망대

- 🚇 지하철 3호선 안국역 2번 출구로 나와서 종로02번로 환승하여 감사원 정류장에서 하차한다. 감사원을 지나 약 7분 정도 걸어가면 삼청공원 관리사무소가 보인다.
- 📞 02-2148-2834 종로구청 공원녹지과
- ⓘ 이용시간 제한 없음 / 주차장 별도로 없음 / 화장실과 휴게시설 삼청공원 내 있음 유모차와 휠체어 이용 불가능 / 애견 출입 가능(목줄 사용)

서울대공원 치유의 숲길 ⑯

아! 걷고 싶다, 치유의 숲길!

걷는구간	치유의 숲 입구→방문자센터→잣나무하늘숲→ 햇빛이완숲→갱매폭포(치유의 숲 정상부)→방문자센터
걷는거리	2.4km
소요시간	1시간 30분(프로그램 참여 시 소요 시간임)
추천시기	사계절
난이도	★ 초급코스

청계산에 위치한 '서울대공원 치유의숲'은 1984년 서울대공원 조성 당시 이곳에 살던 10여 가구가 이주한 뒤 30년간 방치되어 있다가 2015년 산림치유를 목적으로 조성되었다. 오랫동안 사람의 발길이 닿지 않아 깊은 산속에 들어온 것처럼 숲이 울창하고 산 정상부에는 폭포가 흐르고 있다. 특히 피톤치드가 풍부한 전나무와 잣나무가 빽빽이 들어차 있고, 사계절 마르지 않는 계곡물과 큰 바위들이 곳곳에 있어 조용히 명상할 수 있는 최적의 공간이다.

'그린 닥터'로 불리는 산림치유는 피톤치드, 산소, 향기, 바람, 햇빛, 물 등 숲이 가지고 있는 다양한 환경 요소를 활용해 인체의 면역력을 높이고 정신적, 심리적 건강을 증진시킴으로써 질병을 치유하는 활동이다. '서울대공원 치유의숲'은 사전 예약을 받아 갱년기 여성, 직장 단체, 우울증 등을 앓는 분, 일반 성인들을 대상으로 산림치유를 위한 다양한 맞춤형 프로그램을 진행하고 있다.

치유의 숲에서 진행하는 모든 프로그램은 무료로 이용할 수 있다. 탐방을 위해서는 서울대공원 홈페이지(http://me2.do/G3babSOW) 와 서울시 공공서비스 예약시스템(http://yeyak.seoul.go.kr)에서 사전 예약을 해야 한다.

'치유의숲'은 치유숲센터와 숲속광장, 잣나무가 있는 하늘숲, 전나무가 있는 햇빛이완숲, 갱매폭포가 있는 물이완숲, 향기숲길까지 숲길 각각의 특성을 살려 아기자기하게 꾸며져 있다. 숲길을 걷다 보면 폭포숲길에 허브향이 가득한 향기숲길까지 몸 구석구석 피톤치드가 파고들고, 천연폭포의 물소리와 다양한 종류의 새소리는 훌륭한 명상음악이 되어준다. 잣나무 숲에서는 편안하게 누워보기도 하고 가부좌를 틀고 앉아 숲의 소리에 집중하며 명상을 즐길 수 있다. 햇빛을 받으며 황토와 조약돌이 깔린 숲길을 맨발로 걷고, 건강차를 마시고, 허브식물들이 뿜어내는 향기를 받아들이면서 2시간 동안 숲길을 느리게 걷고 나면 어느새 잡념은 사라지고 몸과 마음이 맑아진다. 지친 현대인들이여, 치유의 숲에 꼭 가보시길!

🚆 지하철 4호선 대공원역 2번 출구 → 호수정 식당 옆길 → 서울랜드 북문주차장길 → 장미의 언덕 맞은편 길을 거쳐 치유의 숲까지 걸어서 이동한다. (2km, 30분 소요)

📞 02-500-7551 서울대공원

ⓘ 4~11월 이용 가능 / 서울대공원 주차장 이용 / 화장실, 휴게시설 방문자센터에 있음
유모차와 휠체어 이용 불가능 / 애견 출입 불가능

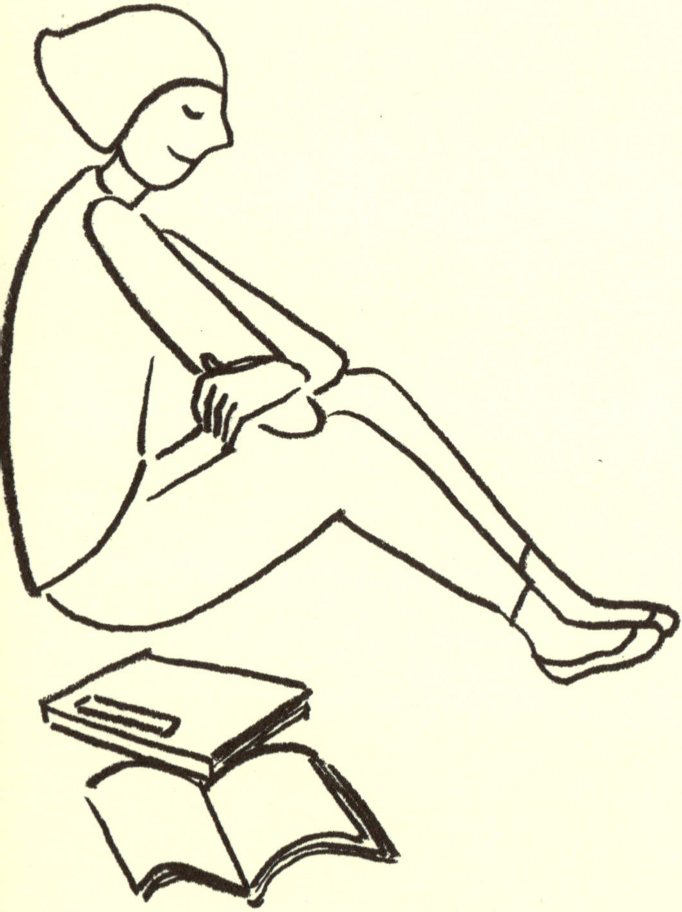

역사문화길,

문화비축기지 산책로
생각숲길
진경산수화길

문화비축기지 산책로 ⑰

걷는구간	안내동→T5→T4→T3→T2→T1→T6
걷는거리	1.2km
소요시간	1시간
추천시기	사계절
난이도	★ 초급코스

석유탱크가 문화탱크로 무한변신!

마포구 상암동 월드컵경기장 옆으로 매봉산 자락에 자리 잡고 있는 '석유비축기지'는 1973년 중동전쟁으로 촉발된 1차 석유파동에 국내 경기가 위기를 맞자, 서울시가 유사시 안정적 석유공급을 위해 국고보조금으로 1976~1978년 건설했다. 지름 15~38m, 높이 15m인 탱크 5개에 6,907만 리터의 석유를 비축하고 1급 보안시설로 분류하여 시민들의 접근과 이용을 철저히 통제하였다. 이후 2002년 월드컵 개최를 위해 월드컵경기장을 건설하면서 석유비축기지가 위험시설로 분류되어 탱크에 저장된 석유를 이전하고 2000년에 폐쇄됐다.

2017년, 무려 41년간 금단의 공간이었던 석유비축기지가 도시재생

사업을 통해 시민들에게 열려있는 복합문화공간으로 탈바꿈하면서 '문화비축기지'라는 새로운 이름을 얻게 되었다. 입구에 들어서면 작은 공원처럼 조성된 '문화마당'이 보이고, 그 주변으로 6개의 탱크(T1~T6)가 둘러싸고 있다. 탱크와 내외장재, 옹벽 등 모두 기존 자원들을 재생하고 재활용하는 도시재생 방식을 택했다. 문화비축기지

의 과거와 현재, 미래를 연대기 순으로 보고 싶다면 T5(탱크5), T4, T3, T2, T1, T6 순으로 돌아보는 것이 좋다.

T5는 문화비축기지의 어제와 오늘을 둘러볼 수 있는 '이야기관'으로 과거 석유비축기지 조성 배경과 과정, 그리고 문화비축기지 건설 과정 등이 전시되어 있다. T4는 복합문화공간으로 기존 탱크의 내·외부를 원형 그대로 유지하고 있어 석유로 가득 차 있던 탱크의 속살을 한눈에 볼 수 있다. T3은 5개 탱크 중 유일하게 원형 100% 보존된 곳으로 철제 부속물들이 녹슬어가는 모습을 그대로 볼 수 있다. T2는 실내 공연장과 야외무대로 변신하였는데, 특히 야외무대는

문화비축기지는 매봉산에 둘러싸여 있어서 산 능선을 따라 조성된 산책로와 바로 연결돼 있다. 산책로를 따라 매봉산 정상 전망대(93.9m)에 올라서면 문화비축기지는 물론 월드컵경기장과 한강까지 한 눈에 볼 수 있다.

T2의 야외무대와 공연장

기존 옹벽 한 쪽을 무대 외벽으로 활용하여 마치 그리스·로마시대 유적지를 연상시킬 만큼 아주 근사하다. '파빌리온'이라 불리는 T1은 석유를 저장하던 철판을 모두 뜯어내고 대신 유리로 외벽을 만들어 주변 풍광을 조망할 수 있게 만들어졌다. 카페테리아가 있는 T6은 문화비축기지를 조성하면서 새로 만든 커뮤니티 공간이다. T2 탱크 철판을 해체해 외장재로, T1 탱크 철판을 내장재로 사용했다. 이렇듯, 문화비축기지는 산업화시대 유물이라는 역사성을 보존한 친환경생태공원으로 시민들에게 더욱 의미 있는 공간으로 주목을 받고 있다.

입구에 들어서면 작은 공원처럼 조성된 '문화마당'이 보인다.

지하철 6호선 월드컵경기장역 1,2,3번 출구로 나와서
월드컵경기장 서문까지 5분 정도 걸어가면
횡단보도 맞은편에 문화비축기지 입구가 보인다.

02-376-8733 문화비축기지 관리사무소

월요일 휴관. 야외시설은 연중무휴
문화비축기지 주차장 / 인근 월드컵경기장 주차장 이용
카페와 휴게시설 별도로 있음
유모차와 휠체어 이용 가능
애견 출입 가능(목줄 사용)

생각숲길 ⑱

자연을 품은 사색의 신전

걷는구간	은평구립도서관→불광근린공원 →순환형 산책로→은평구립도서관
걷는거리	1.5km
소요시간	50분
추천시기	사계절
난이도	★ 초급코스

2018년 불광근린공원 안에 새로 조성된 '생각숲길'은 책과 자연이 함께 어우러지는 지역 주민들의 쉼터 겸 사색의 공간으로 은평구립도서관과 바로 이웃해 있다. 불광 1·2동 주택가 한가운데를 차지하고 있는 불광근린공원은 해발 99m의 아담한 동산이지만 은평구 전체 면적 중 4.4%를 차지하는 제법 큰 녹지대로 산책로를 따라 도심에서 보기 힘든 희귀한 나무들이 우거져 있다. 게다가 서쪽 능선에 은평구립도서관이 자리 잡고 있어 독서와 산책을 동시에 즐길 수 있는 '일석이조'의 산책길이다.

마을버스에서 내려 주택가 사이로 구불구불 나있는 오르막길을 걷다 보면 단숨에 시선을 압도하는 빼어난 건축물이 눈앞에 나타난다. 경사진 산기슭에 계단식으로 층을 쌓아올리고 노출 콘크리트로 만들어진 건물 외관은 차가우면서도 엄숙한 분위기를 자아낸다. 마치 고대 신전을 떠올리게 하는 이 멋진 건물이 바로 은평구립도서관이다. 동네 산속에서 만나는 예기치 않은 풍경에 도서관에 온 원래의 목적을 잊을 만큼 '여행자'로서의 감성이 솟아난다.

도서관 산책은 '생각숲길'의 백미라 할 수 있다. 특히 도서관은 해질 무렵 노을이 드리울 때 가장 아름답게 빛난다. 그래서 '석양의 신전'이라는 별칭이 붙었다고 한다. 큰 창을 통해 노을을 바라보며 조용히

은평구립도서관은 2001년 한국건축문화대상 본상과
2002년 서울시 건축상 은상을 받았다.

사색에 잠길 수 있다니 '생각숲길'에 더할 나위 없이 어울리는 공간이다. 그리고 도서관 가장 위층에 가면 불광근린공원과 연결되는 석교(石橋)가 있다. 그동안 안전 문제로 폐쇄되었다가 보수 공사를 해서 다시 개방할 예정이다.

불광근린공원 산책로는 노인, 어린이, 유아, 임산부 등 보행약자도 산림욕을 즐기며 편하게 산책할 수 있도록 조성된 경사가 완만한 숲길이다. 닥나무, 함박꽃나무, 능수벚나무, 뽕잎피나무 같이 귀한 나무를 오직 이 공원에서만 볼 수 있고, 정상에는 정자와 운동 기구도 있어서 지역 주민들의 삶 속에 깊숙이 녹아있는 휴식공간이다. '생각숲길'에 가면 산책하듯 거닐다 노을을 바라보거나 숲길에 앉아 독서의 매력에 빠져들어도 좋겠다.

지하철 3,6호선 연신내역 3번 출구 하차 후 연서시장 정류장에서 은평06번 버스로 환승하여 불광보건분소 정류장에서 하차한다. 하차 후 은평구립도서관까지 걸어서 6분 정도 소요된다.

02-351-8018 은평구청 공원녹지과

이용시간 제한 없음
은평구립도서관 주차장 이용(유료)
도서관에 화장실과 휴게시설 있음
유모차와 휠체어 이용 불가능
애견 출입 가능(목줄 사용)

불광근린공원 산책로

진경산수화길 ⑲

겸재의 화폭 속으로 들어갔다 나오다

걷는구간	윤동주문학관→청운문학도서관→백운동천바위→청송당바위→겸재정선 집터→송강정철 집터→백세청풍각자→서울맹학교 담장벽화→우당기념관→자수궁터→송석원터→윤동주하숙집터→수성동계곡
걷는거리	3km
소요시간	2시간 30분
추천시기	사계절
난이도	★ 초급코스

백운동천 김기진 집터(위)와 청송당바위(아래)

종로구 골목길 곳곳에는 600년 옛 도시의 역사와 문화가 깃들어 있다. 그 중에서도 '진경산수화길'은 한국 고유의 화풍을 만든 겸재 정선(1676~1759)이 그림을 그렸던 현장이나 피사체가 된 장소를 찾아 그림에 얽힌 역사를 알아가는 산책길이다. 또한 윤동주문학관에서 출발해서 수성동계곡까지 이르는 동안 구불구불 통하는 골목길을 걷다 보면 겸재뿐만 아니라 윤동주, 송강 정철 등 옛 예술가들이 남긴 흔적들을 마주칠 수 있다.

겸재는 지금의 경복고교 자리인 종로구 청운동 일대에서 태어난 것으로 알려져 있다. 한양 토박이인 겸재는 우리 산천에 대한 자부심을 갖고 그림을 그리면서 한국 고유의 화풍인 '진경산수화'를 창

청운문학도서관

안해냈다. 진경산수화는 중국이 아닌 조선의 경치, 관념이 아닌 관찰을 바탕으로 한 사실적 산수를 보고 그린 그림으로, 실학과 함께 조선 후기 우리나라의 독자적인 학문과 화풍으로 중국의 그것과 구별하게 하는 대표적인 특징이라 할 수 있다.

특히 겸재는 인왕산에 대한 애정이 남달라서 인왕산과 북악산 사이 명소를 찾아다니며 그림을 그렸고, 그 감정과 지식을 화첩 '장동팔경첩(壯洞八景帖)'에 고스란히 불어넣었다. 그렇다보니 '진경산수화길'을 걸으면서 '인왕제색', '청풍계', '수성구지', '인곡유거', '창의문', '백운동', '한양전경', '장안연우', '세검정' 등 장동팔경첩의 그림 속 장소를 직접 찾아가 당시의 풍경을 상상해보고 지금의 풍경과 교차시켜 보는 맛이 일품이다.

원래 '진경산수화길'이 자리 잡고 있는 터는 조선시대부터 수많은 문학·예술인을 배출한 '예술 1번지'였다. 송강 정철이 여기서 태어나

경복고등학교 교내에 겸재 생가(生家)임을 알리는 기념석이 있다. 기념석엔 겸재의 그림 '독서여가(讀書餘暇)'가 새겨져 있다. 겸재의 자화상으로 추정되는 그림으로 알려져 있다.

불후의 명작을 남겼고, 주옥같은 시를 쏟아내던 젊은 시인 윤동주가 하숙집 앞 골목길을 따라 매일 아침 인왕산을 산책했다. 곳곳에 시비와 표지석이 잘 세워져 있으니 발길을 멈추고 꼼꼼히 읽어보는 것도 '진경산수화길'을 제대로 산책하는 방법이다.

송강정철 집터 및 시비(왼쪽)와 송석원터(오른쪽)

- 지하철 3호선 경복궁역 하차 후 버스 7022, 7212, 1020번으로 환승하여 윤동주문학관 정류장에서 하차한다.
- 02-2148-2834 종로구청 공원녹지과
- 이용시간 제한 없음
  주차장 별도로 없음
  윤동주문학관에 화장실 있음
  유모차와 휠체어 이용 불가능(일부 구간 가능)
  애견 출입 가능(목줄 사용)

수성동계곡

전망이 좋은 길.

팔각정길

호암산 능선길

팔각정길 ⑳

360도 자연 조망대

걷는구간	평강폭포→뻥튀기공원→팔각정→전망대→용마산 정상
걷는거리	0.4km
소요시간	50분
추천시기	사계절
난이도	★ 초급코스

아차산과 능선이 이어져 있는 해발 348m의 용마산은 본래 아차산의 가장 높은 봉우리 중의 하나였다고 한다. 그러나 지금은 갖가지 수목들과 산허리를 따라 늘어선 암벽이 예사롭지 않아 아예 독보적인 존재로서 '용마산'이라 불리고 있다. 봄이면 정상 주변으로 진달래나 철쭉, 개나리 등이 활짝 피고 사시사철 푸른 소나무들이 산을 에워싸다 보니 주민들에게는 늘 볼거리를 제공해주는 고맙고 친근한 산이다. 무엇보다도 망우리 공원묘지와 중곡동을 지나 아차산까지 산 능선을 종주하는 동안 펼쳐지는 전망이 아주 멋있는 산으로 유명하다.

용마산 정상까지 올라가는 '팔각정길'은 광진구 중곡동 뻥튀기공원에서 출발한다. 피겨 요정 김연아를 닮았다는 평강공주의 동상이 서 있는 평강폭포를 구경하고 나무계단을 올라가면 팔각정이 보인다. 서서히 펼쳐지는 장쾌한 조망을 만날 수 '팔각정길'의 첫 번째 전망대이다. 푸른 용마산과 오밀조밀 모여있는 수많은 아파트들이 대조를 이루며 넘실거린다. 조금 더 올라가면 삐죽 솟아있는 소나무 한 그루 옆으로 또 하나의 전망대가 나타난다. 시야가 한층 더 넓어지면서 답답한 마음을 시원하게 뚫어준다.

아기자기한 암릉을 타고 올라가다 보면 삼각 철탑이 서 있는 용마산 정상에 닿는다. 하늘과 산과 서울 풍경이 만나서 하나를 이루는 곳. 특히 용마산 정산에서 내려다보이는 한강과 어우러진 도심의 경치는 탄성을 자아내기에 충분하다. 아래로 펼쳐지는 용마산의 푸름과 도심의 화려함이 그 위용과 기상을 뽐내고 있다. 역시 '팔각정길'의 모든 구간은 눈길 닿는 곳마다 서울시 우수 조망 명소라는 이름값에 걸맞게 멋진 경치를 선사해준다.

팔각정(용마산정)

용마산은 산은 낮아도 주변 일대가 평지라 정상에 서면 한강과 중랑천을 비롯해 서울 동남부가 한눈에 내려다보인다. 팔각정, 전망대, 정상 모두 '팔각정길' 곳곳이 서울시에서 선정한 우수 조망 명소이다.

- 중곡역 1번 출구로 나와서 국립정신보건센터(용마산로) 방면으로 300m 걸어서 평강폭포를 지나면 입구가 나온다.
- 02-450-7791 광진구청 공원녹지과
- 이용시간 제한 없음 / 주차장 별도로 없음
  뻥튀기공원에 화장실 있음 / 매점과 식수대 별도로 없음
  유모차와 휠체어 이용 불가능 / 애견 출입 가능(목줄 사용)

호암산 능선길 21

숨이 깔딱거려도 좋구려!

높이 393m에 불과한 암산(巖山)이지만 산의 형상이 호랑이를 닮았다 하여 이름 붙여진 호암산. “산의 우뚝한 형세가 범이 걸어가는 것 같고, 험하고 위태한 바위가 있는데 이를 호암(虎巖)이라고 부른다.” 조선의 대표적 지리서인 「신증동국여지승람」에도 범상치 않은 기운을 뿜고 있는 호암산에 대한 기록이 이렇게 들어있다. 이처럼 호암산은 예사롭지 않은 경치와 풍모를 갖추고 있는데다 태조 이성계와 관련된 일화로 유명한 호압사를 품고있어 많은 사람들이 찾는 곳이다.

걷는구간	호압사→깔딱고개→석구상
걷는거리	1km
소요시간	1시간
추천시기	사계절
난이도	★ 초급코스

버스 정류장에 내려서 호압사 일주문을 지나 절 마당에 들어서면 느티나무 두 그루가 반갑게 맞이해주고 고즈넉한 산사의 정취가 사람들의 발길을 머물게 한다. 호압사는 금천구 유일의 전통사찰로 태조 이성계가 조선을 건국하고 경복궁을 짓는 과정에서 호랑이 모습을 한 괴물이 궁궐 건설을 방해하고 건물을 계속 무너뜨리자 그 화기를 누르기 위해 한양을 바라보고 있는 호랑이 머리모양의 산봉우리인 호암산에 호압사를 창건했다고 전해진다.

깔딱고개 중간 나무데크길

석구상은 설화에 의하면 조선시대 경복궁 광화문 앞 해태상과 마주 보게 하여 장안의 화재를 예방할 목적으로 만들었다고 한다.

배가 불쑥 나온 포대화상을 지나 호암산으로 올라가는 등산로로 접어든다. 계단과 바위로 만들어진 오르막길을 묵묵히 걷다 보면 유난히 가파른 고개가 나온다. 어느새 숨이 차오른다고 하여 이름 붙여진 '깔딱고개'이다. 다행히도 숨을 고르며 잠시 쉬어갈 수 있는 벤치가 놓여있다. 시야가 트이는 곳으로 시선을 돌리면 푸른 숲 너머로 금천구 일대가 한눈에 들어온다. 특히 능선을 따라 시시각각 변하는 금천구 시가지의 풍경이 산 아래로 통쾌하게 펼쳐져 있어 걷는 재미와 보는 즐거움이 있다.

깔딱고개를 지나 능선을 따라 내려가면 완만하면서도 편안한 흙길이 나온다. 이 길의 종착지인 '석구상'이 있는 곳에 들른다. 산 속에 다소 우스꽝스럽게 생긴 동물 석상이 세워져 있으니 그 정체에 대해 설왕설래 말이 많았다고 한다. 그러다 이 석상과 관련한 기록과 유적이 발견돼 돌로 만든 개, 즉 석구상(石狗像)으로 결론이 났다. '호암산 능선길'은 멋진 전망과 함께 역사의 향취를 진하게 풍기는 유물을 만나기도 하니 숨을 깔딱거리며 오를만하다.

호암산능선길 상부에서 본 호암산

- 지하철 1호선 관악역 2번 출구로 나와서 석수1동주민센터앞 정류장에서 일반20, 마을6-3 버스로 환승 후 벽산아파트1단지 정류장에서 하차한다.
- 02-2627-1662 금천구청 공원녹지과
- 이용시간 제한 없음 / 주차장 별도로 없음
  화장실 호압사에 있음 / 매점과 식수대 별도로 없음
  유모차와 휠체어 이용 불가능 / 애견 출입 가능(목줄 사용)

한강, 하천이 좋은 길,

강남구 양재천 22

미래유산 물길을 걷다

걷는구간	학여울역 → 여울쉼터 → 감나무길(대치교~영동6교 좌안) → 은행나무길(영동5교~6교 좌안) → 벚꽃길(밀리미 다리~영동4교 좌안) → 밀리미 다리(핑크뮬리 서식지) → 벼농사학습장(영동4교~5교 우안) → 가로공원 물레방아(영동6교~대치교 우안) → 탄천·양재천방문자센터
걷는거리	7.8km
소요시간	2시간
추천시기	봄·가을
난이도	★ 초급코스

강남 한복판의 빌딩 숲을 푸르게 가로지르는 양재천은 이제 강남구의 내놓으라하는 상징이 되었다. 총 길이 18.5km의 양재천은 경기도 과천시의 관악산에서 발원하여 서울시 서초구, 강남구를 가로질러 탄천으로 흘러드는 하천이다. 강남권 개발이라는 소용돌이를 거치는 동안 물고기 한 마리 살지 못하는 '죽음의 하천'이었지만 지금은 철따라 새들이 날아들고, 봄부터 가을까지 온갖 꽃과 나무들이 만발하는 동식물의 보금자리이자 하루 평균 1만 여명의 시민이 찾아오는 생명의 하천이 되었다.

양재천이 이렇게 빛을 발한 건 1995년부터 강남구 주도로 '자연이 살아야 사람이 산다.'는 신념 아래 주민들을 설득하고 하천 복원에 꾸준히 노력한 결과이다. 지금의 양재천은 도심 속 생태하천 복원의 효시로서, 수많은 지방자치단체의 하천복원 사업의 성공 사례가 되어 전국으로 확대되는 계기가 되었다. 곤충 338여 종, 식물 385여 종 등 다양한 동식물이 서식할 만큼 자연성을 회복하고 계절별 특색 있는 풍경을 선사해주는 곳으로 인정을 받아 2015년 환경부 생태환경 인증을 받았으며 서울시 미래유산으로 선정되기도 했다.

양재천 산책길을 100% 즐기려면 산책길의 특성부터 파악하고 걷는 것이 좋다. 하천과 동행하며 좌우로 뻗은 산책로는 높낮이가 다른 세 개의 길로 꾸며져 있다. 물가 옆 가장 낮은 길은 자전거도로(하단길), 그보다 높은 위치의 길들은 보행자를 위한 것이다. 걷기를 위한 두 개의 길은 높이가 다른 만큼 느낌도 다르다. 맨 위의 둑길(상단길)은 양재천 인근의 풍광이 한눈에 들어와 시원한 전망을 바라보며 걷기에 좋고, 아랫길(소담길)은 물과 함께 풀과 나무가 우거져 있어 시골 강가의 정취가 느껴진다. 띄엄띄엄 놓여있는 징검돌을 건너 양재천 양쪽 산책로를 오가는 재미도 있으니 양재천의 명소와 명물을 찾아 발길 가는대로 유람해보길 바란다.

은행나무길(왼쪽)과 밀미리 다리(핑크뮬리 서식지)
벼농사학습장(맨 아래)

강남구는 양재천에서 연중 생태 학습 프로그램 및
4~10월경에는 농촌 체험 프로그램을 운영한다.
예약 문의 02-3423-6277

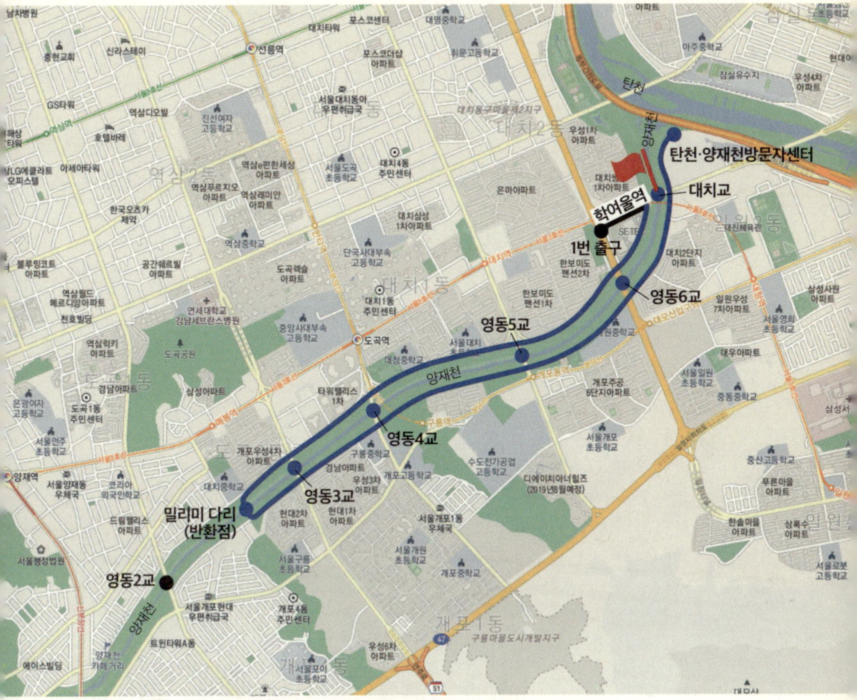

🚇 지하철 3호선 학여울역 1번 출구로 나와서 양재천 방향으로 5분 정도 걸어가면 대치교가 나온다.

📞 02-3423-6254 강남구청 공원녹지과

ⓘ 이용시간 제한 없음
주차장 별도로 없음
이동식 화장실 : 영동2교, 영동3교, 영동4교, 영동6교에 있음
고정식 화장실 : 학여울공원, 출발마당, 탄천.양재천방문자센터에 있음
유모차와 휠체어 이용 가능
애견 출입 불가능

탄천·양재천빙문지센터

고덕 자갈길 ㉓

자연 생태계의 요람

걷는구간	고덕수변생태공원 입구→ 고덕 생태탐방로(고덕 자갈길) → 고덕수문교
걷는거리	3km
소요시간	1시간
추천시기	사계절
난이도	★ 초급코스

'자갈길'처럼 울퉁불퉁한 길을 걸으면
지압 효과가 있어 스트레스 해소에 좋다고 한다.
자갈길이니만큼 꼭 편안한 신발을 신고
산책하길 권한다.

강동구 고덕동에 위치한 고덕수변생태공원은 분뇨, 쓰레기, 농약, 비료로 오염된 한강 상류 지역을 생태공원으로 복원한 곳이다. 2003년 봄에 문을 열어 15년 동안, 강가의 모래톱이 그대로 보존되고 숲과 습지가 다시 살아나면서 다양한 동식물들의 보금자리이자 삶의 터전이 되었다. 또한 자전거도로와 생태탐방로가 잘 조성되어 있어서 한강의 가장 원시적인 풍경을 즐기며 산책할 수 있는 휴식공간으로 명성이 자자한 곳이다.

17만m^2 넓이의 공원 속 생태탐방로는 공원 둘레를 한 바퀴 빙돌게 돼 있지만 공원 중간을 가로지르는 길도 이리저리 나 있어 발길 닿는대로 다녀도 좋다. 공깃돌만한 자갈들이 쭉 깔려있는 생태탐방로를 따라 거닐다보면 울창한 버드나무나 수생식물들, 그리고 흐드러지게 피어있는 억새 숲을 만난다. 한 발 한 발 디딜 때마다 달그락 거리는 자갈 소리가 산책의 운치를 더해준다.
길을 걷다 보면 숲 속에서 동물들이 '스르륵 스르륵' 움직이는 소리가 날 때가 있다. 운이 좋으면 고라니, 족제비, 너구리, 두더지 같은 야생동물들을 볼 수 있다. 또한 버드나무, 생태연못, 저습지 등 생태탐방로가 있는 산책로를 걷다 보면 나무 속에 숨어있는 딱새, 노랑지빠귀, 황조롱이, 오색딱따구리 등을 눈앞에서 관찰할 수 있다.
이렇게 한 권의 생물도감을 펼쳐보듯 3km 생태탐방로를 누비다 보면 1시간 정도의 시간이 훌쩍 지나간다. 지압 효과까지 누리며 자갈길을 걷다 보면 강변 가까이에 내려앉은 환상적인 저녁 노을을 감상할 수도 있다. 단, 야생동물들이 자연 그대로 살 수 있도록 야간 조명을 설치하지 않아 밤 늦은 산책은 어려우니 시간을 잘 맞춰가는 것이 좋겠다.

- 지하철 5호선 고덕역 3번 출구로 나와서 강동구 음식물재활용센터 방면으로 약 2.5km(7분 정도) 걸어가면 입구가 나온다.
- 02-3780-0758 한강사업본부
- 이용시간 제한 없음 / 주차장 별도로 없음 / 고덕수변생태공원 안에 화장실 있음 유모차와 휠체어 이용 불가능 / 애견 출입 불가능

나무 속에 숨어 있는
딱새, 노랑지빠귀, 황조롱이,
오색딱따구리 등을
만날 수 있다.

강서 물새길 24

한강 생물자원의 보고

걷는구간	개화나들목에서 행주대교 방향으로 걸어서 1km 구간
걷는거리	1km
소요시간	30분
추천시기	사계절
난이도	★ 초급코스

'강서 물새길'은 서울시 한강 구간 중 가장 하류 지역인 강서습지생태공원 안에 조성되어 있다. 2002년 7월에 개방된 강서습지생태공원은 방화대교 남쪽 끝에서 행주대교 남쪽 끝 사이에 위치한 한강 둔치에 담수지와 저습지 등을 만들고 습생 및 수생식물을 심은 대표적인 습지공원이다. 16년의 세월 동안 인위적 관리를 최소화하고 자연적인 복원을 유도함으로써 생태공원 중 동물과 식물의 종수가 가장 많고 생태계 보존이 잘 되어 있어 한강 생물자원의 보고로 주목받고 있다. 37만m^2의 면적을 가진 방대한 강서습지생태공원 안에서도 맹그로브 숲을 연상시키는 습지와 많은 철새들을 보고 싶다면 '강서 물새길'을 반드시 걸어봐야 한다. 이 길은 개화나들목에서 출발하여 행주대교 방향으로 약 1km 뻗어있는데, 습지를 중심으로 버드나무 숲과 갈대밭이 울창하여 도심에서 볼 수 없는 자연 그대로의 야생이 살아

맹꽁이 서식처

좀 더 자유롭게 철새나 생물체를 관찰하고 싶다면 강서한강공원 안내센터에 신분증을 맡기고 쌍안경을 빌리면 된다.

있는 곳이다. 습지 주변에는 나무데크와 흙길로 이루어진 탐방로가 잘 조성되어 있어 각종 수생식물과 생물들을 코앞에서 볼 수 있다. '강서 물새길'은 특히 여름철에는 멸종동물인 맹꽁이 울음소리가 귓가에 울려퍼지고, 겨울에는 수많은 종류의 철새가 머무는 도래지로 유명하다. 산책로를 따라 걷다 보면 버드나무와 갈대가 바람에 휘날리는 모습과 함께 물위를 떠다니는 민물가마우지, 큰기러기, 왜가리, 흰죽지 등 도심에서는 보기 힘든 철새들의 무리를 만날 수 있다. 운이

지하철 5호선 방화역 1번 출구로 나와 방화동 삼익아파트 정류장에서 강서07번 버스로 환승하여 생태공원정류장에서 하차한다. 약 50m 걸어가면 강서습지생태공원이 나온다.

02-3780-0621~3 한강사업본부 강서안내센터

이용시간 제한 없음
주차장 이용
화장실 있음(진입광장, 강서안내센터)
휴게시설 있음(개화나들목)
유모차와 휠체어 이용 가능
애견 출입 가능(목줄 사용)
사전 예약을 하면 해설자와 함께하는
공원 탐방이 가능하다.
문의 : 02-3780-0621 강서한강공원 안내센터

좋다면 뛰어노는 족제비, 너구리, 고라니도 볼 수 있다.

산책길 중간에는 새들을 좀 더 가까이에서 볼 수 있는 조류전망대도 설치되어 있다. 전망대에 올라서니 시야가 확 트이면서 볼에 와 닿는 강바람도 한결 싱그럽게 느껴진다. 눈앞에 강서습지생태공원의 진풍경이 펼쳐지면서 멀리 이국의 열대우림에 와 있는 느낌이 든다. 새들의 휴식에 방해가 되지 않도록 전망대에서 가만히 그리고 조용히 관찰할 것을 권한다.

뚝섬 숲속길 ㉕

물과 숲이 만나 사랑을 꽃피우다

제주도에 올레길이 있다면 서울에는 강을 따라 이어지는 한강 산책길이 있다. 한강을 따라 뚜벅뚜벅 걷다 보면 색다른 콘셉트로 조성된 한강공원들을 만날 수 있다. 그 중에서도 뚝섬한강공원 안에 시원한 강바람을 맞으며 폐부 깊숙이 피톤치드까지 흡입할 수 있는 '일거양득'의 보석 같은 숲길이 숨어있다니 놀라울 따름이다.

'뚝섬 숲속길'은 뚝섬한강공원 안에 조성된 편백나무 숲길, 장미원, 소나무 숲길까지 이어지는 500m의 흙길을 말한다. 음악분수대를 지나 강변으로 걷다 보면 제일 먼저 600여 그루의 편백나무 숲이 반겨준다. 심은 지 3년 밖에 안 되어 아직은 울창함이 덜하지만 머지않아 피톤치드를 가장 왕성하게 분출하는 치유의 숲으로 장성할 것이다.

걷는구간	7호선 뚝섬유원지역 2,3번 출구로 나와 잠실대교 방향으로 300m이동→ 편백나무 숲(안내센터 앞 제2주차장 앞) →장미원→소나무 숲
걷는거리	0.5km
소요시간	20분
추천시기	사계절
난이도	★ 초급코스

나무 사이사이로 들어오는 한강의 물빛이 인상적이니 물끄러미 앉아서 감상해보기를 추천한다.

편백나무 숲을 나와 장미원을 지나가면 소나무를 비롯한 침엽수 숲 사이로 두 사람이 겨우 지나갈 수 있는 작은 오솔길이 나온다. 한강에서 불어오는 강바람과 소나무가 내뿜는 피톤치드를 온몸으로 느낄 수 있는 절정의 순간이다. 코와 목에 닿는 시원함이 그동안 쌓인 스트레스를 해소시켜줄 만큼 청량감을 선사해준다. 이 길 옆에는 각종 유실수인 모과, 감나무, 산수유, 매실, 살구나무 등이 심어져 있으니 함께 둘러보면 더 좋다.

한편, 뚝섬한강공원은 야경이 아름답기로도 유명하니 저녁 시간대에 슬슬 나와서 피톤치드의 혜택과 더불어 야경의 운치를 동시에 누리는 묘미를 느껴보길 추천한다.

'뚝섬 숲속길'은 한 두 사람이 지나다닐 만큼 숲길이 좁고, 강가에 길게 줄지은 나무들이 주변 소음을 줄여줘서 연인과 속삭거리며 걷기에 제격이라 하여 '연인의 길'이라고도 불린다.

치유의 숲

- 지하철 7호선 뚝섬유원지역 2번 출구로 나와서 뚝섬한강공원 방면으로 약 1km 걸어가면 나온다.
- 02-3780-0758 한강사업본부
- 이용시간 제한 없음 / 뚝섬한강공원 유료 주차장 이용 / 화장실과 휴게시설 뚝섬한강공원에 있음
유모차와 휠체어 이용 불가능 / 애견 출입 가능(목줄 사용)

당현천 ㉖

자연과 문화가 공존하는 명품 하천

수락산에서 발원해 중랑천으로 이어지는 3.5km 길이의 당현천은 노원구를 관통해서 흐르는 하천이다. 그동안 비가 올 때만 물이 흐르는 메마른 하천이었던 당현천이 2007년부터 2013년까지 약 5년 6개월간의 복원 노력을 통해 365일 항상 맑은 물과 문화와 활력이 흐르는 생동감 있는 생태하천으로 다시 그 존재감을 드러냈다.

걷는구간	당고개입구오거리→상계역→새싹교 →염광교→양지교→당현제2교→당현1교 →당현3교→당현4교~중랑천
걷는거리	3.5km
소요시간	1시간 10분
추천시기	사계절
난이도	★ 초급코스

당현천에 물이 흐르자 많은 변화가 생겼다. 우선 버들치나 피라미 등 물고기들이 살아나고, 오리나 백로 등 조류들이 하나둘 찾아오기 시작했다. 그리고 하천을 따라 심어놓은 각종 수생식물들과 나무들이 풍성해지면서 아름다운 풍경을 선사해주었다. 이제 당현천은 지역 주민들에게 가족이나 연인 그리고 친구와 함께 걷는 곳, 흐르는 물에 발을 담그고 더위를 식힐 수 있는 곳, 자전거를 타거나 달리기를 하는 곳이 되었다.

뭐니 뭐니 해도 '당현천'의 가장 큰 자랑거리는 365일 내내 문화가 흐르는 하천이라는 점이다. 시원한 바람을 벗 삼아 곳곳에 설치된 멋진 조형물들을 구경할 수 있고, 매주 금요일 열리는 '당현천 금요음악회'에서는 다양한 장르의 음악을 즐길 수 있다. 게다가 매년 봄이면 당현천에서는 등축제와 벚꽃축제가 열리고, 여름이면 물축제가 열려서 늘 사람들이 북적거리는 지역의 활력소 역할을 훌륭히 해내고 있다.

당현천은 더 이상 단순한 하천이 아니다. 물과 자연과 문화 그리고 사람들이 어우러져서 일상의 품격을 높여주는 명품 하천이다. 일상의 피로에 지친 사람들, 걷거나 뛰고 싶은 사람들, 자전거를 타고 질주를 원하는 사람들, 그냥 시원한 바람을 느끼고 싶은 사람들 모두 각자 나름의 방식으로 당현천에서 휴식하고 즐기면서 각자 소소하지만 확실한 행복을 찾아가고 있다.

당현천 등축제는 2014년부터 시작하여
매년 봄에 열린다. 장소는 당현1교와
당현3교 사이에 있는 성서대학교 부근이다.
문의 02-2116-3772(노원구청 문화예술과)

- 지하철 4호선 상계역 1번 출구로 나와서 7분 정도 걸어가면 당고개입구오거리가 나온다.
- 02-2116-3968 노원구청 푸른도시과
- 이용시간 제한 없음 / 주차장 별도로 없음
  화장실은 인근 공원(당현천근린공원, 달맞이근린공원, 들국화어린이공원)에 있음
  유모차와 휠체어 이용 불가능 / 애견 출입 가능(목줄 사용)

홍릉 두물길 27

물길과 숲길의 두물머리

걷는구간	신설동역 → 안암2교(성북천) → 성북천교(성북천) → 청계천 → 정릉천교(정릉천) → 종암대교(정릉천) → 홍릉터(홍릉숲·산림과학원) → 영휘원·숭인원
걷는거리	6.2km
소요시간	2시간 10분
추천시기	사계절
난이도	★★ 중급코스

동대문구는 일찍부터 부도심 기능을 맡았던 서울 동부의 중심지로 동대문(東大門)이라는 지명은 도성 사대문의 하나인 흥인지문(興仁之門), 즉 동대문 밖에 위치한 데서 유래했다. 동대문구는 지형적으로 산이 부족한 반면에 물이 풍부하여 동대문구를 사이에 두고 동쪽으로 중랑천, 서쪽으로는 청계천, 성북천, 정릉천이 한강을 향해 흐르며 서해까지 이른다. 최근 몇 년 새에 청계천과 성북천, 정릉천이 복원되면서 산책길이 더 많이 생기고 주민들의 쉼터가 늘어났다.

'홍릉 두물길'의 두물은 보통 두물머리라고 표현하는데, 두 강물이 머리를 맞대듯이 만나 하나의 강으로 흐르는 곳의 지명으로 사용된다. 이름에서 알 수 있듯이 홍릉 두물길은 동대문구의 여러 하천들이 만나고 합해져서 하나로 흐르는 물길을 따라 걷는 길이다. 그리고 이 길의 끝에 드라마의 반전처럼 수백 년의 기운이 서려있는 홍릉숲이 나오면서 자연이 주는 극적인 전개에 감격하게 되는 길이다. 2005년 청계천이 복원되고 나서 동서남북 뻗어있는 서울의 물줄기

가 되살아나는 열풍이 불었다. 2011년에 성북천, 2012년에 정릉천도 덮여있던 콘크리트를 걷어내고 원래의 모습을 드러내며 지역 주민들의 품으로 돌아왔다. 시간이 흐르고 자연이 다시 살아나면서 하천의 물길은 자연의 생명력과 주민들의 활기가 공존하는 공간이 되었다. 이제, '홍릉 두물길' 어디를 가더라도 잘 조성된 산책로를 따라 어류, 양서류, 조류 등의 다양한 생물이 서식하고 있으며, 갯버들, 꽃창포, 수크령, 억새 등의 수생식물들이 무성하게 펼쳐져 있다.

물길을 따라 걷다 보면 어느덧 홍릉숲에 다다른다. 1922년 우리나라 최초로 조성된 수목원인 홍릉숲은 도심 속 '시크릿가든'이라고 불릴 만큼 우뚝 솟은 나무와 울창한 숲으로 폭 파묻혀 있다. 조선시대 고종의 왕비인 명성황후의 능인 홍릉이 있었던 곳이어서 홍릉수목원이라는 이름이 붙여졌다. 국내외 다양한 식물들을 연구하고 보존하는 곳이기에 사계절 내내 형형색색의 아름다움을 느낄 수 있는 곳이다.

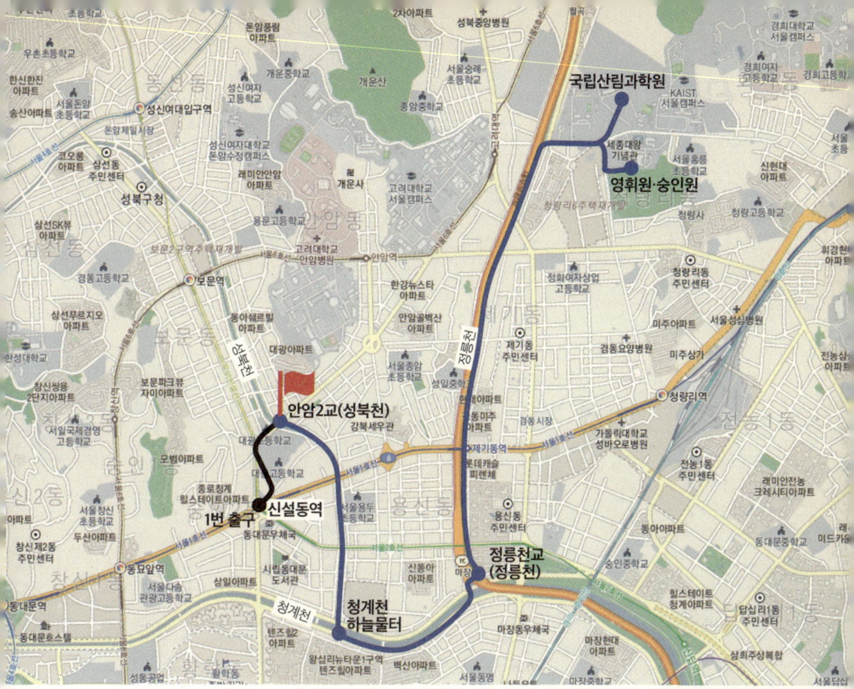

지하철 1호선 신설동역 1번 출구로 나와서 성북천 방향으로 150m 정도 걸어가면 안암2교가 나온다.

02-2127-4778 동대문구청 공원녹지과

이용시간 제한 없음
주차장 별도로 없음
화장실 산림과학원에 있음
유모차와 휠체어 이용 불가능
애견 출입 가능(목줄 사용)

영휘원은 고종황제의 후궁이었던 순헌황귀비 엄씨의 묘소이고(위), 숭인원은 고종황제의 넷째 아들 의민 황태자의 장자인 이진의 묘다(아래). 사적 제361호로 지정되어 있다.

난지 갈대바람길 ㉘

은빛 물결이 출렁출렁!

걷는구간	난지한강공원 강변물놀이장 →생태습지원
걷는거리	1.7km
소요시간	40분
추천시기	사계절
난이도	★ 초급코스

가을이 되면 한강은 갈대와 물억새의 은빛 물결로 장관을 이룬다. 갈대나 억새는 오색찬란한 단풍처럼 화려하지는 않지만 단아한 운치가 있다. 바람 따라 출렁이는 은빛 물결을 보고 있으면 메말랐던 가슴 속 낭만까지 되살아난다. 이렇게 아름다운 한강의 풍경들 중에서도 가장 가을 정취를 물씬 느낄 수 있는 곳을 손꼽으라고 하면 난지한강공원의 '갈대바람길'이 항상 선두로 물망에 오른다.

'갈대바람길'은 난지한강공원의 강변물놀이장에서부터 생태습지원까지 이어지는 1.7km 길이의 산책길로 야생이 그대로 살아있는 곳으로 소문이 자자하다. 한강과 버드나무숲을 양옆으로 두고 걷다보

갈대와 억새는 비슷해 보이지만 차이가 있다.
꽃이 하얀 것은 억새(물억새), 갈색인 것은 갈대다.
또 키가 크고 꽃차례가 여러 번 갈라지면 갈대,
산에서 자라면 억새 등의 특징으로 구분할 수 있다.

면 새소리, 풀벌레 소리 등 때 묻지 않은 자연의 소리가 아주 선명하게 들린다. 특히 가을 해 질 녘에 군락을 이룬 갈대들이 노을을 배경으로 은빛 물결을 그리며 춤을 추는 풍경은 영화의 한 장면 속으로 걸어 들어가는 듯한 착각을 불러일으킨다.

'갈대바람길' 주변에는 캠핑을 즐길 수 있는 캠핑장도 있고, 강과 더불어 살아가는 식물과 동물들을 만날 수 있는 생태습지원도 있다. 가을에 즐기는 캠핑은 선선한 날씨에 깨끗하고 맑은 밤하늘을 바라볼 수 있어 많은 이들에게 사랑받고 있다. 특히 난지캠핑장은 아름다운 노을을 감상할 수 있는 장소로도 유명해 로맨틱한 추억 만들기를 돕는다. 종착지인 생태습지원에는 늪과 늪 사이로 갈대밭이 빽빽하게 조성되어 있어서 '갈대바람길'의 진면목을 보여준다.

산책길 곳곳에는 한강변을 따라 가지를 축축 늘어뜨린 버드나무들이 또 하나의 볼거리이다. 나무 그늘 아래 벤치가 놓여있어 한강을 바라보며 잠시 쉬어가기에도 좋다. 그리고 아직도 강가 몇 군데에 모래사장이 남아 있어 물가에 내려가 물수제비를 뜨며 노는 소소한 재미도 느낄 수 있다.

강변물놀이장(위)과 생태습지원(아래)

8777번 버스(토·일요일에만 운행) : 지하철 6호선 월드컵경기장역 1번 출구로 나와서 월드컵경기장 남측 정류장에서 8777번 버스를 타고 난지한강공원(캠핑장) 정류장에서 내린다. 야구장을 지나쳐 강변물놀이장까지 걸어서 5분 정도 소요.
9707번 버스 : 지하철 9호선 당산역 9번 출구로 나와서 당산역·삼성래미안아프트 정류장에서 9707번 버스를 타고 난지한강공원 정류장에서 내린다. 야구장을 지나쳐 강변물놀이장까지 걸어서 5분 정도 소요.

02-3780-0611 한강사업본부 난지안내센터

이용시간 제한없음
난지한강공원 주차장 이용
화장실과 휴게시설 별도로 있음
유모차와 휠체어 이용 가능
애견 출입 가능(목줄 사용)

반포 수변길 29

물과 빛 그리고 낭만이 있는 곳

걷는구간	반포대교에서 동작역 방향으로 도보 1km 구간
걷는거리	1km
소요시간	30분
추천시기	사계절
난이도	★ 초급코스

한강에 조성된 공원들은 지역별로 제각각 개성이 뚜렷하다. 그러다 보니 취향에 맞는 한강공원을 골라서 놀러다니는 사람들이 점점 늘어나고 있다. 그렇다면 가장 고즈넉한 산책길과 아름다운 야경을 동시에 즐길 수 있는 곳은 어디일까? 묻지도 따지지도 말고 반포한강공원으로 가면 된다. 그곳에 버드나무, 갈대 등의 길동무들과 함께 강을 따라 걷는 '반포수변길'이 있다.

'반포수변길'에 들어서면 시원한 강바람과 함께 양옆으로 정겹게 가지를 드리운 버드나무, 갈대, 물억새, 갯버들, 수크렁 등 각종 꽃과 풀들이 산책 나온 사람들을 맞이한다. 탁 트인 시야를 앞에 두고 널찍한 흙길을 걷노라면 답답했던 마음이 어느새 야들야들하게 풀어진다. 게다가 해질 녘에 오면 반포대교 방향으로 바라보는 노을 풍경이 정말 아름답다.

노을이 지고 밤이 찾아오면 '반포수변길'은 점점 더 황홀해진다. 세빛섬의 화려한 조명과 30분 간격으로 펼쳐지는 반포대교 '달빛무지개분수'쇼는 보는 이로 하여금 색다른 즐거움을 선사한다. 특히 강 건너 보이는 남산타워와 눈앞에서 지나가는 유람선의 불빛들이 한 화면에 잡히면 야경의 정취가 가장 절정에 다다른다.

수변길을 걷다보면 물길 위로 작은 다리가 보인다. 이곳을 건너면 서래섬이다. 3,000m²의 드넓은 섬에 봄에는 유채꽃이 만발하고, 가을에는 서울에서 흔하게 볼 수 없는 메밀꽃이 흐드러지게 피어 한강과 어우러져 멋진 장관을 연출한다. 몸도 찌뿌둥하고 기분 전환도 하고 싶다면 해가 뉘엿뉘엿 질 무렵, 바람과 물과 빛이 있고 쉼과 낭만을 가져다주는 '반포수변길'에 가보는 건 어떨까?

서래섬의 낮

서래섬의 노을

서래섬의 메밀꽃

반포대교 '달빛무지개분수'쇼 운영시간
4~6, 9~10월_평일 12:00 / 20:00 / 20:30 / 21:00, 주말 12:00 / 19:30 / 20:00 / 20:30 / 21:00
7~8월_평일 12:00 / 19:30 / 20:00 / 20:30 / 21:00, 주말 12:00 / 19:30 / 20:00 / 20:30 / 21:00 / 21:30

지하철 9호선 신반포역 2번 출구로 나와서 약 1.5km 걸어가면 반포 지하차도가 나온다.
02-3780-0758 한강사업본부
이용시간 제한 없음 / 반포한강공원 유료 주차장 이용 / 화장실 반포한강공원 안에 있음
유모차와 휠체어 이용 불가능 / 애견 출입 가능(목줄 사용)

서초구 양재천 30

아시아의 가장 뛰어난 경관을 걷다

걷는구간	영동2교→칸트의 산책로→ 덩굴식물터널→영동1교→아이리스원→백일홍화단→무지개다리→상징쉼터→들꽃초화원→과천경계
걷는거리	4.14km
소요시간	1시간
추천시기	사계절
난이도	★ 초급코스

아이리스원

양재천은 관악산 깊은 옹달샘에서 시작해서 서초구와 강남구를 지나 탄천으로 흘러가는 하천이다. 총 길이 15.6km 중 서초구를 지나는 4.14km의 '양재천 산책길'은 아시아 중 뛰어난 경관을 가진 도시에게 상을 주는 '아시아도시경관상'을 2016년에 수상했다. 주민과 지역사회가 함께 만든 양재천의 아름다움이 해외에서도 인정을 받은 것이다.

양재천은 1990년대 중반까지만 해도 생활하수로 인한 심각한 오염으로 물고기

나 조류 등의 서식이 불가능한 상태였다. 그러자 1995년부터 서초구를 주축으로 주민과 기업 등 지역사회가 너 나 할 것 없이 양재천의 친환경 생태하천 조성에 팔을 걷고 나섰다. 특히 양재천을 사랑하는 사람들, 일명 '양재천사'라는 자원봉사공동체를 만들어 환삼덩굴 뽑기, 청소, 도색 등의 활동을 통해 양재천을 직접 가꿨다.

이렇게 오랜 시간 많은 사람들이 힘을 보태서 만들어진 '양재천 산책길'은 그래서 조금 더 특별하다. 자연 그대로의 모습을 최대한 살려 오밀조밀하게 꾸며진 산책길은 일부러 조성한 티가 역력한 '뻔한' 천변이 아니라 지역 주민에 의한, 지역 주민을 위한 휴식의 공간이자 소중한 자연학습의 장이 되고 있다.

칸트의 산책로에는 높이 2.65m, 폭 2.8m의 '사색의 문', 칸트의 동상이 놓여 있는 '철학자 벤치', 나무로 된 '생각의자', 성인 10명이 함께 앉아 명상하거나 요가를 할 수 있는 '명상 데크' 등이 설치되어 있다.

양재천의 작은 섬에 조성된 '칸트의 산책로'는 칸트가 매일 산책을 통해 몸과 마음을 치유했다는 데 착안해서 만들었다고 한다. 가장 눈길을 끄는 것은 야간에 산책하면서 책을 읽을 수 있도록 설치되어 있는 '독서 조명등'이다. 칸트의 산책로를 지나면 덩굴식물터널, 창포나 붓꽃 등 아이리스 속을 거닐며 산책할 수 있는 아이리스원, 울긋불긋한 백일홍 꽃밭, 자생 들꽃과 억새 등이 어우러지는 들꽃초화원 등이 계절별로 다양한 경치를 선사한다.

지하철 3호선 매봉역 4번 출구로 나와서 영동2교 방면으로 약 1km 걸어가면 영동2교가 나온다.

02-2155-7312 서초구청 물관리과

이용시간 제한 없음 / 주차장 별도로 없음 / 화장실과 휴게시설 별도로 있음
유모차와 휠체어 이용 가능 / 애견 출입 가능(목줄 사용)

2018년 선정 서울, 테마산책길 30곳 LIST

숲이 좋은 길

이름	소재지	문의할 곳	연락처
포이 산책길	강남구	강남구청 공원녹지과	02-3423-6248
일자산 치유의 숲길	강동구	강동구청 푸른도시과	02-3425-6443
오패산 자락길	강북구	강북구청 공원녹지과	02-901-6923
관악산 무장애숲길	관악구	관악구청 공원녹지과	02-879-6522
불암산 자락길	노원구	노원구청 푸른도시과	02-2116-3950
둘리쌍문근린공원 산책로	도봉구	도봉구청 공원녹지과	02-2091-3762
배봉두메십리길	동대문구	동대문구 공원녹지과	02-2127-4778
국사봉길	동작구	동작구청 공원녹지과	02-820-1396
생태공원 둘레길	서초구	서초구청 공원녹지과	02-2155-6883
인재개발원 잣나무숲길	서초구	인재개발원 인재기획과	02-3488-2054
서울숲 공원길	성동구	서울숲	02-460-2905
매봉산 치유숲길	성동구	성동구청 공원녹지과	02-2286-5656
서울둘레길 7코스_ 서오릉고개 녹지연결로	은평구	은평구청 공원녹지과	02-351-8003
청와대 앞길	종로구	종로구청 공원녹지과	02-2148-2834
삼청공원 순환산책길	종로구	종로구청 공원녹지과	02-2148-2834
서울대공원 치유의 숲길	경기도 과천	서울대공원	02-500-7551

역사문화길

이름	소재지	문의할 곳	연락처
문화비축기지 산책로	마포구	문화비축기지	02-376-8733
생각숲길	은평구	은평구청 공원녹지과	02-351-8018
진경산수화길	종로구	종로구청 공원녹지과	02-2148-2834

전망이 좋은 길

이름	소재지	문의할 곳	연락처
팔각정길	광진구	광진구청 공원녹지과	02-450-7791
호암산 능선길	금천구	금천구청 공원녹지과	02-2627-1662

한강, 하천이 좋은 길

이름	소재지	문의할 곳	연락처
강남구 양재천	강남구	강남구청 공원녹지과	02-3423-6254
고덕 자갈길	강동구	한강사업본부	02-3780-0758
강서 물새길	강서구	한강사업본부 강서안내센터	02-3780-0621~3
뚝섬 숲속길	광진구	한강사업본부	02-3780-0758
당현천	노원구	노원구청 푸른도시과	02-2116-3968
홍릉 두물길	동대문구	동대문구청 공원녹지과	02-2127-4778
난지 갈대바람길	마포구	한강사업본부 난지안내센터	02-3780-0611
반포 수변길	서초구	한강사업본부	02-3780-0758
서초구 양재천	서초구	서초구청 물관리과	02-2155-7312

서울, 테마 산책길 Ⅳ

초판 1쇄

발행인 서울특별시장

발행일 2019년 1월

발행처 서울특별시 www.seoul.go.kr

서울특별시 중구 무교로 21(무교동, 더익스체인지 서울빌딩 9층)

전화 02-2133-2165

발행부서 서울특별시 푸른도시국 자연생태과

기획 부시장 진희선

푸른도시국장 최윤종

자연생태과장 하재호

산림이용팀장 김상국

주무관 이동욱

자문위원 주용규(EA조경기술사무소)

김영록(걷기여행작가)

김주연(산림치유지도사)

디자인 및 편집 디자인판

사진 서울특별시, 디자인판, 모지웅 작가

일러스트 정윤미

지도 카카오맵

더 멋지고 알찬 <서울, 테마산책길Ⅳ> 제작을 위해 기꺼이 사진을 제공해주신 블로거 그린향기님, 이작가님, 선미님, 여하님, 은평공리님, N프라자님 정말 감사합니다. 그리고 사진을 보내주신 한강사업본부, 서울숲컨서번시, 관악구청 홍보전산과, 강남구청 홍보담당관, 강북구청 홍보담당관, 동대문구청 홍보담당관 정말 감사합니다.

값 3,000원

일련번호 푸른도시 421-0022

발간등록번호 51-6110000-001206-10

ISBN 979-11-6161-544-8 14530

ISBN 979-11-5621-640-7(세트)